# [cocina para emancipados]

Texto y fotografías de

SARA CADENA

BELGRAVIA

Primera edición: Febrero de 2011

La fotografía de la cubierta de Alex Salvador forma parte
del proyecto 365 Retratos (www.365retratos.es) y fue realizada
en el local de Cookiteca (www.cookiteca.com) de Barcelona.

Diseño de cubierta: Cristina Payà (cspaya@sbeditorialdesign.com)
Maquetación: Cristina Payà (cspaya@sbeditorialdesign.com)

ISBN: 978-84-15122-22-7
Depósito Legal: M-4165-2011
Impreso y encuadernado por Segrafic

Impreso en España – *Printed in Spain*

*A mis padres y mi tía, a quienes siempre*
*he visto cocinar con dedicación y entrega.*

*A Mr. P, el catador oficial de mis platos.*

*A Inma, Irene y Alberto,*
*seguidores incondicionales y buenos amigos.*

# Índice

## Pescados y mariscos



## Carnes y aves



## Postres

# Introducción

El día que escribía esta introducción recibí uno de esos correos que hacen que todas las horas invertidas en el blog valgan la pena: «Gracias. La cocina y yo no nos llevamos nada bien y me estás salvando. Sigue actualizando el blog, que me parece un proyecto admirable».

*Cocinaparaemancipados.com* nació con ese justo propósito y por la misma necesidad: recopilar en un mismo sitio recetas para aquellos que nos hemos ido de casa y nos enfrentamos a la necesidad diaria de cocinar.

Yo no he estudiado cocina en serio ni me dedico a ello profesionalmente. Ni siquiera puedo decir que me encantaba cocinar desde bien pequeña, pero cuando me emancipé descubrí que la cocina no es sólo preparar ciertos ingredientes para comer y sobrevivir. Descubrí que es arte, ciencia, alquimia y pasión.

Cocinar te ayuda a alimentarte siguiendo una dieta sana, te enseña nuevas maneras de compartir y sorprender a la gente que te rodea y te anima a experimentar.

Para las recetas que te propongo no necesitarás utensilios muy especiales, todos empezamos con unos básicos (cacerola, sartén, olla, horno, minipimer, varillas para batir y algún que otro molde). No tengas miedo si en algún momento te falta algún ingrediente y no te desanimes si la primera vez que haces algo nuevo no sale como habías previsto, a todos nos ha pasado. Sustituye, improvisa, juega y déjate llevar por el chef en potencia que llevas dentro.

Por último, relájate y disfruta. Descubrirás que la cocina puede darte grandes satisfacciones.

# bocaditos y canapés

# Bruschetta de nectarina y mozzarella

**Rebanadas de pan integral**
**Mozzarella fresca cortada en rodajas**
**Nectarinas**
**Sal**
**Pimienta**
**Aceite**

1 Dispón una rodaja de mozzarella encima de una rebanada de pan. Cubre con nectarina. Rocía con un chorrito de aceite y salpimenta.

**Comensales:** 4
**Preparación y tiempo de cocción:** 10 minutos
**Precio:** Económico
**Dificultad:** Fácil

# Boquerones a la malagueña

**1 kg. de boquerones**
**Vinagre**
**Sal gruesa**
**1 huevo duro**
**Ajo**
**Perejil**
**Aceite de oliva virgen extra**

1 Se limpian los boquerones, se les quita las espinas y se dejan en vinagre por lo menos media hora, con un poco de sal (a ser posible gruesa).

2 Luego se escurren y se ponen en una fuente. Por encima se echa huevo duro picado fino, ajo y perejil picados también muy fino y un chorrito de aceite de oliva.

**Comensales:** 4
**Preparación y tiempo de cocción:** 15 minutos
**Precio:** Económico
**Dificultad:** Fácil

Bruschetta de nectarina y mozzarella

# Croquetas de queso fresco

½ kg. de queso fresco, tipo mató
1 cebolla pequeña
2 huevos
100 gr. de harina
120 gr. de pan rallado
2 cucharadas soperas de perejil y cebollino picados
1 cucharadita de pimentón dulce
Sal
Pimienta
Aceite de oliva virgen extra

1 Pica la cebolla muy fina y mézclala con el queso y las hierbas. Salpimienta la mezcla y forma croquetas con la misma. Déjalas tapadas en la nevera durante 15 minutos.

2 Mezcla el pan rallado y el pimentón en un plato y vierte la harina en otro.

3 Reboza las croquetas pasándolas primero por la harina, luego los huevos batidos y por el pan.

4 Refrigéralas 30 minutos y fríelas en abundante aceite y escúrrelas sobre papel absorbente.

**Comensales:** 4
**Preparación y tiempo de cocción:** 1 hora
**Precio:** Económico
**Dificultad:** Media

# Bruschetta de tomate y pesto

Pan de pagés o ciabatta
Aceite de oliva
3 cucharadas de pesto
4 tomates maduros
2 cucharadas de queso mascarpone

1 Enciende el grill del horno a la temperatura más alta para precalentar.

2 Unta los dos lados de cada rebanada de pan con aceite y ponlo en la bandeja del horno durante 3 minutos, hasta que quede crujiente.

3 Pon un poco de pesto en cada bruschetta y sácalo de la bandeja del horno. Corta los tomates en rodajas y "sécalos" un poco con papel de cocina (esto lo hacemos para que el jugo del tomate no reblandezca demasiado el pan). Ahora es el turno del tomate en el horno. Deja que se haga al grill durante 5 minutos y después ponlo encima de la bruschetta.

4 Vuelve a poner el pan, con el tomate esta vez, en la bandeja del horno y deja que se haga durante un minuto más.

5 Por último, pon un poco de mascarpone y otro poco de pesto encima de los tomates y sírvelo caliente.

**Comensales:** 4
**Preparación y tiempo de cocción:** 20 minutos
**Precio:** Económico
**Dificultad:** Fácil

Croquetas de queso fresco

# Croquetas de pollo y jamón

**Pollo**
**Jamón**
**1 cebolla pequeña**
**Harina**
**Leche**
**Aceite de oliva**
**Sal**
**Pimienta (opcional)**

*Ésta es la receta de mi madre, porque dicen que las croquetas de casa siempre son las mejores y lo cierto es que todavía no las he probado igual de buenas en ningún sitio.*

*Como veréis, no he puesto cantidades porque la elaboración de estas croquetas consiste en jugar con su textura.*

1 Primero cocina el pollo y la cebolla. Puedes hacerlo tanto a la plancha, como al horno con un chorrito de aceite, como en una cacerola con la cebolla y un poco de zanahoria si quieres.

2 Cuando el pollo esté hecho, pásalo por la picadora, junto a la cebolla. Haz lo mismo con el jamón.

3 Pon 1 ó 2 cucharadas de aceite de oliva en una sartén (pon más o menos en función de la cantidad de carne que tengas). Cuando esté caliente, añade la carne y el jamón y dale un par de vueltas. Entonces añade una cucharada de harina directamente por encima y muévelo. Incorpora un poco de leche y sigue moviendo. Este proceso se repite hasta que la masa esté lista, que será cuando tenga la consistencia que quieras (más consistente o más cremosa) y no se pegue a la sartén. Es decir, una vez la masa esté en su punto de cremosidad (que depende del gusto de cada uno), sigue removiéndola con la cuchara de madera hasta que no se pegue a la sartén.

4 Pon la masa en un plato y déjala unas horas tapada con un trapo de cocina. Después ya sólo es cuestión de darles forma y rebozarlas con pan rallado.

5 Para freírlas, pon abundante aceite en una sartén a fuego fuerte y asegúrate que está bien caliente antes de poner las croquetas. Escúrrelas sobre papel absorbente.

**Comensales:** 4
**Preparación y tiempo de cocción:** 30 minutos
**Precio:** Económico
**Dificultad:** Fácil

# Crostini de arándanos, brie y pistachos

**Rebanadas de pan**
**Mermelada de arándanos**
**Queso brie**
**Pistachos**

**Comensales:** 4
**Preparación y tiempo de cocción:** 30 minutos
**Precio:** Económico
**Dificultad:** Fácil

1 Reparte las rebanadas de pan en una bandeja de horno y úntalas con la mermelada de arándanos.

2 Corta finas láminas de queso brie y repártelas por encima de cada rebanada.

3 Por último, corta láminas de pistachos pelados y disponlas encima del queso.

4 Hornea a 180° hasta que el brie empiece a fundirse.

5 Sirve en caliente o tibio.

# Buñuelos de queso

**100 gr. de harina**
**5 cucharadas de mantequilla**
**250 ml. de agua**
**2 huevos**
**6 cucharadas de queso rallado**
**(el queso que prefiráis, en este caso, yo lo hice con parmesano)**

1 Deshaz la mantequilla en una sartén con el agua caliente y después añade la harina. Remuévelo todo muy bien hasta que tengas una pasta homogénea.

2 Cuando esté, retíralo del fuego e incorpora los huevos, uno a uno, y el queso. Continúa amasando unos minutos.

3 Después, forma pequeñas bolas con la masa y ponlas en una bandeja de horno (sobre papel de cocina o la bandeja untada de mantequilla). Deja que se cuezan durante 15 minutos y sírvelos calientes.

**Comensales:** 6
**Preparación y tiempo de cocción:** 30 minutos
**Precio:** Económico
**Dificultad:** Media

# Deep Fried Brie (o Brie Frito)

**4 trozos de brie**
**Huevo**
**Pan rallado**

1 Tienes que cortar el queso en triángulos, envolverlos en film de plástico y lo más importante es congelarlos (por lo menos durante dos horas). Cuando lo saques del congelador, pasa cada triángulo por el huevo batido, el pan rallado y fríelo en aceite muy caliente.

2 Puedes servirlo así, o con un poco de mermelada de frutas del bosque, o encima de una ensalada...

3 También puedes prepararlo con otros tipos de quesos cremosos, como el camembert, el cabrales, el Caprice des Dieux...

4 Recuerda que para que se fría bien y no se deshaga en la sartén, el queso tiene que estar medio congelado.

**Comensales:** 4
**Preparación y tiempo de cocción:** 15 minutos
**Precio:** Económico
**Dificultad:** Fácil

Deep Fried Brie (o Brie Frito)

# Hojaldres con queso

**Masa de hojaldre**
**Queso del que queráis**
**Sal**

1 Simplemente basta con cortar rectangulitos de masa, poner un trocito de queso en el centro y enrollar. Espolvorea un poco de sal por encima y… ‘al horno! Con 15 minutos a 180ºC están listos.

**Comensales:** 4
**Preparación y tiempo de cocción:** 25 minutos
**Precio:** Económico
**Dificultad:** Fácil

# Mil hojas de pimientos y queso

**6 pimientos rojos**
**4 pimientos amarillos**
**1 manojo de cebolletas**
**300 gr. de queso de cabra fresco**
**60 gr. de piñones**
**Sal**
**Pimienta**
**Aceite de oliva virgen extra**

1 Asa los pimientos en el horno y cuando estén hechos, deja que se enfríen, pélalos, sácales las pepitas y córtalos en tiras finas. Salpimiéntalos y añade un chorrito de aceite de oliva.

2 Lava, seca y corta las cebolletas.

3 Saltea los piñones en una sartén.

4 Chafa el queso de cabra en un bol, con las cebolletas, los piñones, dos cucharadas de aceite de oliva, la sal y un poco de pimienta.

5 Monta el milhojas en vasitos individuales, alternando una capa de pimientos asados con otra de queso, hasta que hayas rellenado todo el vaso. Resérvalo en la nevera hasta el momento de servir.

**Comensales:** 6
**Preparación y tiempo de cocción:** 20 minutos
**Precio:** Económico
**Dificultad:** Media

Hojaldres con queso

# Hojaldres de queso de cabra

**6 rodajas de queso de cabra**
**Pasta de hojaldre congelada**
**Hierbas provenzales**
**Sal**
**Pimienta**
**Aceite de oliva virgen extra**

1 Salpimienta las rodajas de queso y úntalas de aceite de oliva.

2 Corta seis porciones de la pasta de hojaldre y envuelve con cada uno de ellos las rodajas de queso, sin llegar a cubrir uno de los lados.

3 Antes de poner las porciones sobre la bandeja del horno, espolvorea ésta con las hierbas de Provenza.

4 Dejar que se hagan el horno durante 5 minutos a 250°C y luego otros 5 a 8 minutos a 200°.

5 Para presentarlo, podéis acompañarlo con un poco de ensalada verde y confitura de cebolla.

**Comensales:** 6
**Preparación y tiempo de cocción:** 35 minutos
**Precio:** Económico
**Dificultad:** Fácil

# Empanadillas de atún

**Obleas para empanadillas**
**Atún**
**Tomate frito**
**Aceitunas verdes sin hueso**
**Huevos duros**

1 Simplemente se pican los huevos duros, se cortan las aceitunas en rodajas y se mezcla todo con el atún y el tomate frito.

2 Luego se rellenan las empanadillas, con cuidado de no poner demasiada masa y que luego no se puedan cerrar. Para cocinarlas hay dos formas: una es freírlas con abundante aceite y la otra es hacerlas en el horno (en este caso, píntalas con huevo para que queden doradas).

**Comensales:** 4
**Preparación y tiempo de cocción:** 15 minutos
**Precio:** Económico
**Dificultad:** Fácil

Hojaldres de queso de cabra

# Hummus

300 gr. de garbanzos cocidos
1 diente de ajo
2 cucharadas de zumo de limón
1 cucharada de tahini*
2 cucharadas de aceite de oliva + un chorrito al final
1 cucharada de salsa de soja (opcional)
Pimentón (opcional, para decorar)
Granada (opcional, para decorar)

1 Pon todos los ingredientes en un recipiente y tritura con la batidora o minipimer.

2 La consistencia del hummus debe ser como un puré espeso, pero ni demasiado denso, ni demasiado líquido.

3 Para servir, haz unos hilos de aceite por encima, espolvorea un poco de pimentón y reparte granada por encima.

**Comensales:** 6
**Preparación y tiempo de cocción:** 20 minutos
**Precio:** Económico
**Dificultad:** Media

** Puedes encontrar la pasta de tahini en tiendas de especialidades gastronómicas griegas o de Oriente Medio.*

# Rollitos de espárragos verdes a la maltesa

8 lonchas de jamón serrano, cortado fino
8 espárragos verdes
1 naranja
30 gr. de parmesano
1 cucharada de cebolleta picada
1 cucharada de perejil picado
3 cucharadas de aceite de oliva
Sal
Pimienta

1 Exprime la naranja y mezcla su zumo con el aceite de oliva. Emulsiónalo bien. Añade una pizca de sal, pimienta y las hierbas.

2 Corta el parmesano a láminas muy finas, como si fueran virutas.

3 Corta la base de los espárragos (la parte más dura) y pasa el resto por agua fría. Después hiérvelos durante 20 minutos en agua con sal. Cuando estén, enfríalos en agua fría. Escúrrelos.

4 Extiende las lonchas de jamón sobre la mesa de trabajo. En cada una, pon un espárrago y unas virutas de queso. Enrolla cada loncha de jamón sobre cada espárrago y preséntalos en el plato. Vierte la salsa por encima y sirve fresco.

**Comensales:** 4
**Preparación y tiempo de cocción:** 40 minutos
**Precio:** Económico
**Dificultad:** Fácil

Hummus

# Mejillones al vapor con picadillo

**Mejillones frescos**
**Tomates**
**Chalotas**
**Pimiento verde**
**Pimiento rojo**
**Aceite**
**Sal**

1 Para hacer los mejillones al vapor, primero hay que limpiarlos y retirar los filibranquios (lo que comúnmente conocemos como pelos).

2 Ponlos en una olla con el fondo cubierto de agua, tápala y cuécelos a fuego medio/alto. Cuando veas que la mayoría están abiertos, ya puedes retirarlos. ¡Ojo con aquéllos que no se hayan abierto! Significa que están muertos así que tíralos.

3 Para el picadillo basta con picar finos el resto de ingredientes, echarles una punta de sal y un chorrito de aceite.

4 Para emplatar, dispón los mejillones en el plato o bandeja que vayas a utilizar, dejando sólo la parte de la concha donde está el mejillón y reparte el picadillo por encima.

**Comensales:** 4
**Preparación y tiempo de cocción:** 30 minutos
**Precio:** Económico
**Dificultad:** Fácil

*No pongo cantidades porque dependerá de cuántas personas seáis y cuántos mejillones queráis comer.... En la foto ya se ve la composición, no tiene misterio.*

# Patatas asadas con chili

**½ kg. de patatas pequeñas**
**1 cebolla tierna**
**Tomillo**
**Sal**
**Aceite de oliva virgen extra**
**Salsa de chili dulce**
**Crema de leche**

1 Calienta el horno a 200°. Si alguna de las patatas es demasiado grande para comer en dos bocados, córtala por la mitad. Lava bien las patatas y ponlas en la bandeja del horno, y rocíalas con aceite, tomillo y sal. Deja que se hagan al horno durante 30-40 minutos o hasta que veas que están hechas.

2 Mezcla la crema de leche con la salsa de chili y la cebolla tierna y sírvela aparte para ir mojando las patatas.

**Comensales:** 4
**Preparación y tiempo de cocción:** 55 minutos
**Precio:** Económico
**Dificultad:** Fácil

Mejillones al vapor con picadillo

# Piruletas de calabaza y bacón

**1 paquete de masa quebrada**
**150 gr. de calabaza**
**1 cebolla**
**4 lonchas de bacón ahumado**
**Aceite de oliva, sal y pimienta**
**1 huevo batido**

1 Pela, pica y rehoga la cebolla en un poco de aceite de oliva. Cuando esté bien caramelizada, incorpora la calabaza pelada y cortada a dados bien pequeños. Salpimenta y rehoga en la sartén o cacerola. Cuando la calabaza empiece a estar tierna, añade el bacón cortado a tiritas finas. Una vez el bacon esté dorado y la calabaza tierna, retira del fuego y reserva.

2 Extiende la masa quebrada y córtala para las piruletas con ayuda de un cortador de galletas (recuerda que necesitarás 2 trozos de masa para 1 piruleta). Coloca los palitos de brocheta en la mitad de las formas cortadas. Los palitos tendrán que llegar hasta al menos la mitad de la altura de la masa, para que se sujeten bien. Para asegurarte que no bailarán cuando las muevas, aprieta levemente el palito contra la masa. Reparte el relleno en el centro de la mitad de las formas cortadas, sin llegar a llenar demasiado y sin acercarte mucho a los bordes. Tapa cada piruleta con el resto de masa. Sella bien todos los lados presionando la masa y pinta con el huevo batido por ambos lados. Pincha las piruletas con uno de los palitos para que el vapor que se genere dentro pueda escapar.

3 Cuece las piruletas en el horno a 180ºC hasta que veas que la masa está dorada.

**Comensales:** 4
**Preparación y tiempo de cocción:** 30 minutos
**Precio:** Medio. **Dificultad:** Fácil

# Rollitos de pimientos

**1 pimiento rojo**
**1 pimiento amarillo**
**2 lonchas de jamón en dulce**
**40 gr. de gouda u otro queso que os guste**
**Sal**
**Pimienta**
**Aceite de oliva virgen extra**

1 En fin, se hacen los pimientos al horno, lo justo para que no estén duros y la piel se pueda retirar fácilmente. Cuando los hayáis pelado, se corta cada pimiento en 3 láminas, se ponen en un plato con aceite, sal y pimienta.

2 Mientras, corta en jamón y el queso en láminas o tiras muy finas. Envuelve el jamón con el pimiento rojo y el queso con el amarillo y listo.

3 Si lo prefieres, puedes enrollar una tira de queso y una de jamón con el pimiento.

**Comensales:** 12 rollitos
**Preparación y tiempo de cocción:** 20 minutos
**Precio:** Económico
**Dificultad:** Fácil

Piruletas de calabaza y bacón

# Orejones de albaricoque al cabrales

**Orejones de albaricoque**
**Tomillo, si es fresco mejor**
**Aceite de oliva virgen extra**
**Crema de queso cabrales**

1 Pon los orejones en un bote hermético. Reparte tomillo por encima y cúbrelos con aceite de oliva.

2 Deja macerar los orejones durante 2-3 semanas para que se vayan hidratando con el aceite.

3 El día que vayas a servir el aperitivo, saca del bote los orejones y escúrrelos bien.

4 Disponlos sobre una bandeja y reparte encima de cada uno de ellos un poco de crema de queso cabrales.

**Comensales:** 4
**Preparación y tiempo de cocción:** 10 minutos
**Precio:** Económico
**Dificultad:** Fácil

*La receta es de la Chef Mireia Anglada.*

*Si no os gusta el cabrales porque os parece demasiado fuerte, podéis probar con otro queso.*

# Rollitos de jamón con vegetales

**100 gr. de lechuga iceberg (si puede ser el cogollo, mejor)**
**6 lonchas de jamón en dulce**
**3 tomates**

Para el guacamole:
**2 aguacates maduros**
**1 trozo de pimiento verde**
**½ pepino**
**2 cucharaditas de zumo de limón**
**1 cucharada sopera de cebolla muy picada**
**1 cucharada de aceite de oliva**
**1 cucharada de vinagre balsámico**
**Sal**

1 Corta el pepino en dados muy pequeños. Sálalo y déjalo escurrir en un colador unos 10 minutos.

2 Pela los tomates, sácales las pepitas y córtalos en dados pequeños.

3 Prepara el guacamole. Para ello Pelaa los aguacates y aplástalos con un tenedor hasta conseguir una consistencia cremosa. Añade la cebolla picada, el pimiento también muy picado, el zumo de limón, el aceite y la sal. Mézclalo todo en la batidora. Lava la lechuga y pícala fina. Mézclala en una ensaladera con el pepino, el tomate y el guacamole.

4 Forma los rollitos así: Extiende en un plato una loncha de jamón y rellena con la mezcla de vegetales. Enrolla la loncha de jamón y puedes atarla con un poco de cordel de cocina, un palillo o el tallo de una cebolleta.

**Comensales:** 4
**Preparación y tiempo de cocción:** 30 minutos
**Precio:** Medio
**Dificultad:** Fácil

Orejones de albaricoque al cabrales

# Puntas de piquillos rellenos de feta

1 bote de pimientos del piquillo
1 bote de queso feta en hierbas y aceite
3-4 cucharadas de miel

1 Si no encuentras el queso feta en hierbas puedes hacerlo tú en casa. Compra feta normal, córtalo a daditos y déjalo macerar en aceite con pimienta, ajo picado y algunas hierbas.

2 Basta con chafar el queso feta con la miel. Si tienes tiempo y lo preparas con antelación, puedes dejarlo toda la noche y la mezcla de sabores será más homogénea.

3 A la hora de rellenar, si los piquillos son grandes, córtalos dejando sólo la punta y reserva el resto para otras recetas o guarniciones. La idea es que se pueda comer en 1-2 bocados.

4 Rellena los piquillos con el feta y sirve.

**Comensales:** 4
**Preparación y tiempo de cocción:** 15 minutos
**Precio:** Económico
**Dificultad:** Fácil

# Pimientos rellenos de calamares

8 piquillos
300 gr. de calamares
200 gr. de bacalao fresco
2 tomates
2 cebollas
2 dientes de ajo
1 cucharada sopera de perejil picado
10 cl. de vino blanco seco
3 cucharadas de aceite de oliva
Pimentón
Sal

1 Limpia los calamares con agua fría y retira la cabeza y el pequeño cartílago del interior.

2 Corta el cuerpo y los tentáculos.

3 Lava, pela y pica muy pequeño los tomates.

4 Pela y corta fino las cebollas y los ajos. Rehógalos 5 minutos en una sartén con dos cucharadas de aceite de oliva. Añade los calamares y saltéalos 5 minutos más. Echa también el bacalao troceado, los tomates, una pizca de sal y pimentón. Mézclalo y deja que se haga otros 5 minutos. Después deja que se enfríe un poco.

5 Rellena los piquillos con la salsa de calamares y bacalao y preséntalos en una fuente.

6 Vierte por encima el vino blanco y el resto del aceite.

7 Cuécelo todo 15 minutos al horno a 180ºC.

**Comensales:** 4
**Preparación y tiempo de cocción:** 50 minutos
**Precio:** Medio
**Dificultad:** Fácil

Puntas de piquillos rellenos de feta

# Tatin de pavo con tomates confitados

**200 gr. de pechuga de pavo**
**4 tomates**
**Pasta brisa**
**1 cucharada de azúcar**
**2 dientes de ajo**
**2 cucharadas de aceite de oliva**
**Romero**
**Tomillo**
**Sal**
**Pimienta**

1 Precalienta el horno a 150ºC.

2 Corta los tomates en cuartos, quítales las pepitas y ponlos sobre la bandeja del horno engrasada.

3 Unta los tomates con los ajos, añade un poco de sal y pimienta y una cucharada de aceite de oliva.

4 Cuece en el horno durante una hora, dándole la vuelta a los tomates.

5 Corta la pechuga de pavo en cubos y rehógalas con aceite de oliva. Añade el azúcar y deja caramelizar, junto con un poco de sal y pimienta.

6 Pon la pasta brisa en un molde para tartas, recubre con el pavo y luego los tomates. Cuece en el horno durante 20 minutos a 175º.

7 Desmolda antes de servir.

**Comensales:** 2
**Preparación y tiempo de cocción:** 40 minutos
**Precio:** Económico
**Dificultad:** Fácil

# primeros platos

# Arroz con soja

½ kg. de arroz
150 gr. de champiñones
2 calabacines mediano
1 zanahoria
1 cebolla
1 berenjena mediana
1 pimiento rojo
1 pimiento verde
Salsa de soja
Aceite de oliva virgen extra

1 Primero haz un sofrito con las verduras. Empieza rehogando la cebolla, luego la zanahoria, los pimientos, la berenjena, el calabacín y los champiñones.

2 Cuando las verduras empiecen a estar tiernas, añade el arroz, con un poco de agua hirviendo, y deja que se haga. Vigila el arroz y añádele agua cuando se esté quedando seco.

3 Cuando el arroz esté casi listo, échale unas tres cucharadas de salsa de soja y remuévelo. Deja que se termine de cocer el arroz y listo para servir.

**Comensales:** 4
**Preparación y tiempo de cocción:** 40 minutos
**Precio:** Económico
**Dificultad:** Media

# Arroz integral con verduras

**300 gr. de arroz**
**1 cebolla**
**2 tomates**
**2 alcachofas**
**100 gr. de champiñones**
**150 gr. de conejo o pollo troceado (si no lo compráis envasado en el super, podéis pedirlo directamente troceado)**
**1 zanahoria**
**1 calabacín**

*Un arroz sano y sabroso, que llena el estómago y deja la conciencia tranquila.*

1 Lava las alcachofas y se les quitan todas las hojas que estén duras, se cortan las puntas, se cortan en cuatro trozos y se quitan 'los pelillos' del corazón, se lavan y se dejan en agua con limón hasta que las vayamos a poner en la cazuela.

2 Se pelan, se lavan y se laminan los champiñones. Resérvalos.

3 Vale, empezamos por las verduras. Veréis que siempre es el mismo orden: primero se rehoga la cebolla pelada y picada bien pequeña en la cazuela, con un poco de aceite (un poco, no os paséis, que luego la salsa queda aceitosa). Después va la zanahoria pelada y picada fina, los espárragos, las alcachofas, el calabacín pelado y picado fino y los champiñones. (Entre un ingrediente y otro, dejad que el anterior se haga un poco). A continuación echamos la carne y después de unos minutos, los tomates rallados (como siempre, con sal y azúcar).

4 Cuando esta salsa esté, le echamos el arroz. Se calcula un puño de arroz por persona, aunque os advierto que depende del tipo de arroz, así que cuidado.

5 Evidentemente, cocinar el arroz así llevará más tiempo que si lo hervimos aparte y luego lo mezclamos todo. La cosa está en que el arroz se haga en el jugo de las verduras y coja el sabor. Será lento y hay que vigilarlo, porque cuando veáis que se queda sin jugo, ¡no dejéis que se pegue! Echadle un poco de agua hirviendo y removed. Así hasta que esté hecho (para saber cuándo está... id probándolo, ¡jeje!).

**Comensales:** 4
**Preparación y tiempo de cocción:** 40 minutos
**Precio:** Medio
**Dificultad:** Fácil

# Risotto al cava

150 gr. de arroz
1 cebolla
50 gr. de mantequilla
¼ l de cava
¼ l de caldo carne
75 ml. de nata líquida
Aceite de oliva
Sal
Perejil

1 Pica finamente la cebolla y póchala en una cazuela grande con un chorrito de aceite y una pizca de sal. Remueve, incorpora el arroz y rehoga.

2 Una vez sofrito el arroz, vierte el cava y deja reducir a fuego medio. Agrega el caldo de carne poco a poco, remueve y deja cocer durante 25 minutos.

3 Añade la nata líquida y la mantequilla. Deja cocer durante 2 minutos más a fuego lento.

4 Sirve el risotto en dos platos y decora con una ramita de perejil.

**Comensales:** 2
**Preparación y tiempo de cocción:** 40 minutos
**Precio:** Medio
**Dificultad:** Fácil

# Risotto al limón y al tomillo

200 gr. de arroz
2 pechugas de pollo a dados
2 chalotas medianas
Una nuez de mantequilla
25 ml. de nata líquida
1 copa de vino blanco
½ l. de caldo de pollo
El zumo de 1 limón
Tomillo
Sal
Aceite de oliva virgen extra

1 Empieza pelando y picando las chalotas muy finas. Rehógalas en una cacerola de fondo grueso con un poco de aceite de oliva y la mantequilla.

2 Cuando las chalotas estén transparentes, añade el pollo troceado y el tomillo, sálalo y déjalo un par de minutos antes de añadir de arroz.

3 Justo después de incorporar el arroz, echa un vasito de vino blanco y uno grande de caldo. Empieza a remover con una cuchara de madera. Recuerda que la clave del risotto es el almidón que el propio arroz va liberando mientras lo removemos, por lo tanto, mientras más vueltas le des, más cremoso quedará al final.

4 A medida que el arroz vaya absorbiendo líquido, ve añadiendo, y al final de todo incorpora la nata líquida y el zumo de limón.

5 Sigue removiendo hasta que el arroz esté en su punto y sirve caliente.

**Comensales:** 4
**Preparación y tiempo de cocción:** 35 minutos
**Precio:** Medio
**Dificultad:** Fácil

Risotto al limón y al tomillo

# Risotto de Navidad: Martini, arándanos y gorgonzola

300 gr. de arroz arborio
6-7 chalotas
100 gr. de arándanos deshidratados
150 ml. de Martini (o vino blanco)
1 l. de caldo de verduras suave
(o en su defecto, agua)
100 gr. de gorgonzola
Pistachos (para decorar, opcional)
Aceite de oliva
Sal

**Comensales:** 4
**Preparación y tiempo de cocción:** 40 minutos
**Precio:** Medio
**Dificultad:** Difícil

1 Antes de nada, pon los arándanos en un vasito con el Martini para hidratarlos y pon el caldo en una olla para calentarlo.

2 A continuación, como en toda preparación de arroz, empieza preparando la base del sofrito, que para esta receta sólo constará de las chalotas. Si te apetece, puedes añadir alguna otra verdura, como apio o zanahoria, pero alterará el sabor final del plato, por lo que te recomiendo que, al menos la primera vez, no lo hagas.

3 Pela y pica las chalotas en juliana y rehógalas en la cacerola que vayas a utilizar con aceite de oliva y una punta de sal. Empieza con fuego fuerte y bájalo al cabo de un minuto. Deja que las cebollas se caramelicen por sí solas a fuego lento durante 10-15 minutos, hasta que estén bien marrones. Si en algún momento ves que se empiezan a quemar, añade un pelín de agua o caldo y remueve. El líquido hará que se hidraten de nuevo y sigan caramelizándose y adquiriendo un sabor dulzón.

4 Una vez tengas las chalotas listas, añade el arroz y remueve bien para anacararlo. Incorpora el Martini y los arándanos. Sube el fuego durante un minuto para que el alcohol se evapore y luego añade dos cazos de caldo. No dejes de remover mientras el líquido se evapora. Añade caldo a medida que vaya faltando.

5 Cuando el arroz esté casi en su punto, incorpora el gorgonzola y sigue moviendo hasta que el arroz esté listo.

6 A la hora de servir puedes decorar el plato con unos pistachos pelados y picados, que darán un toque más festivo.

# Arroz salvaje con pimientos

**100 gr. de arroz blanco**
**100 gr. de arroz salvaje**
**1 pimiento rojo**
**1 pimiento amarillo**
**40 cl. de caldo de verduras**
**1 chalota**
**3 cucharadas soperas de aceite de oliva**

1 Pon el caldo y la chalota picada en una olla y llévalo a ebullición. Entonces añade el arroz y cuécelo hasta que esté hecho. Después escúrrelo y déjalo enfriar.

2 Lava los pimientos, sácales las pepitas y córtalos a dados. Mezcla los pimientos con el arroz, incorporando el aceite de oliva y un poco de sal.

3 ¡Más fácil no puede ser!

**Comensales:** 4
**Preparación y tiempo de cocción:** 30 minutos
**Precio:** Económico
**Dificultad:** Fácil

# Risotto de guisantes y gorgonzola

**250 gr. de arroz**
**200 gr. de guisantes**
**100 gr. queso gorgonzola**
**1 cebolla**
**150 ml. vino blanco seco**
**30 gr. mantequilla**
**1 l de agua**
**Aceite**
**1 l. de caldo vegetal**

1 Empieza picando la cebolla bien fina y rehogándola a fuego medio con aceite de oliva. Cuando esté transparente, añade el arroz, una punta de sal y remueve bien.

2 Empieza a añadir parte del caldo y la totalidad del vino y no dejes de remover. La base de un buen rissotto es mover el arroz lo suficiente para que vaya soltando el almidón, que es lo que le dará cremosidad. Cuando veas que el arroz se va quedando seco, añade más caldo. A media cocción, incorpora los guisantes y sigue el proceso de remover y añadir líquido. Una vez el arroz esté listo, añade el queso y sigue removiendo 5 minutos más.

3 Para decorar el plato y dar un toque distintivo, puedes preparar un aceite verde, lavando y secando hojas de perejil, poniéndolas en el vaso de la batidora, cubriéndolas de aceite y batiendo.

**Comensales:** 4
**Preparación y tiempo de cocción:** 40 minutos
**Precio:** Medio
**Dificultad:** Fácil

Risotto de guisantes y gorgonzola

# Arroz con calabaza, champiñones y nueces

125 gr. de arroz rojo
1 cebolleta
250 gr. de calabaza
250 gr. de champiñones
75 gr. de nueces peladas
Sal
Pimienta
Aceite de oliva virgen extra

1 Cuece el arroz con algo más del doble de agua y una pizca de sal durante 20 minutos aproximadamente. Escúrrelo y reserva algo del caldo.

2 Limpia bien los champiñones y córtalos en láminas, corta la cebolleta en juliana y pon todo a pochar a fuego lento. Pela y corta la calabaza en daditos y agrégala a la sartén. Cuando se ablande todo, añade las nueces picadas y mezcla. Incorpora el arroz rojo, salpimienta y reserva.

3 Pon el caldo del arroz que tenías reservado en el vaso de la batidora, añade un chorrito de aceite de oliva y un poco de sal y bate hasta que emulsione. Emplata el arroz con la verdura y salsea con la emulsión de la cocción. Decora con una ramita de perejil y sirve.

**Comensales:** 4
**Preparación y tiempo de cocción:** 35 minutos
**Precio:** Medio
**Dificultad:** Fácil

# Risotto picante de cordero y vino tinto

280 gr. de arroz arborio
8 piezas de cuello de cordero o chuletas
1 pimiento verde
2 cebollas medianas
125 ml. de vino tinto
8 tomates cereza
1 l. de caldo de verdura
Pimienta de Cayena molida
Sal
Aceite de oliva virgen extra

1 Calienta un poco de aceite en una cacerola y marca el cordero a fuego fuerte. Cuando esté dorado por todos los lados, apártalo y resérvalo.

2 En la misma cacerola, dispón la cebolla picada en juliana y rehoga a fuego medio hasta que esté transparente. Entonces añade el pimiento cortado a tiras, los tomates cortados por la mitad, un poco de sal y una punta de pimienta de Cayena molida. Deja unos minutos más al fuego. En una olla aparte, ve calentando el caldo. Añade el arroz a la cacerola y remueve bien. Incorpora el vino tinto y deja que el arroz lo absorba, mientras no dejas de remover. Una vez se haya quedado sin líquido, añade dos cucharones de caldo caliente y sigue removiendo. Cuando se quede seco, vuelve a añadir caldo.

3 Hacia el final de la cocción del arroz, echa el cordero de nuevo. Cuando el arroz esté en su punto, apártalo del fuego y sirve de inmediato.

**Comensales:** 4
**Preparación y tiempo de cocción:** 40 minutos
**Precio:** Medio
**Dificultad:** Fácil

Risotto picante de cordero y vino tinto

# Berenjenas con parmesano

4 berenjenas medianas
½ kg. de tomates
1 cebolla
125 gr. queso mozzarella
4 cucharadas de queso parmesano rallado
2 huevos
3 ramitas de albahaca
4 cucharadas de aceite de oliva
Sal, pimienta y harina (que será para rebozar)
Aceite de oliva virgen

1 Cortar las berenjenas con su piel en rodajas y espolvorear con sal. Ponerlas en un escurridor durante media hora para que vayan soltando el jugo amargo. Mientras, pelar y picar muy fino, y por separado, la cebolla, los tomates y la mozzarella en lonchas finas.

2 Calentar el aceite en una sartén y rehogar la cebolla. Cuando empiece a dorarse, añadir el tomate, la albahaca, sal y pimienta, rehogar a fuego lento durante media hora. Calentar abundante aceite en una sartén y freír las berenjenas bien secas y rebozadas en harina. Ir colocándolas a medida que se fríen en una bandeja de horno, poner encima una capa de mozzarella y sazonar.

3 Poner el horno a 180º, pasar la salsa de tomate por un colador y poner unas cucharadas por encima de la mozzarella, agregar los huevos batidos, repetir con otra capa de berenjenas, la mozzarella y la salsa de tomate. Espolvorear con el parmesano rallado. Poner en el horno y cocer durante 20 minutos. Servir templada o fría.

**Comensales:** 4
**Preparación y tiempo de cocción:** 55 minutos
**Precio:** Económico
**Dificultad:** Fácil

# Canelones vegetarianos

Pasta para canelones, o en su defecto, la de lasaña nos servirá
3 calabacines
2 berenjenas
150 gr. de queso fresco de oveja (bruccio)
100 gr. de parmesano rallado
40 cl. de salsa de tomate
3 cucharadas de aceite de oliva
Sal
Pimienta

1 Lava y corta las verduras a dados pequeños. Calienta 2 cucharadas de aceite en una sartén y rehoga las verduras durante 20 minutos. Salpimienta.

2 Añade el queso de oveja deshecho a las verduras, ya fuera del fuego.

3 Prepara la pasta para los canelones de acuerdo a las instrucciones del paquete y rellena cada placa con las verduras mezcladas con el queso. Enrolla los canelones y disponlos en una fuente de horno, untado de aceite. Recubre los canelones con la salsa de tomate y espolvorea con el parmesano rallado. Gratínalo en el horno unos minutos y listo para servir.

**Comensales:** 6
**Preparación y tiempo de cocción:** 50 minutos
**Precio:** Económico
**Dificultad:** Fácil

# Charlotte de berenjenas

3 berenjenas grandes
250 gr. de ricotta
3 huevos
400 gr. de tomates
2 cebollas
Cilantro
1 diente de ajo
Aceite de oliva
Sal
Pimienta

1 Lava las berenjenas y córtalas en láminas longitudinales finas. Sálalas y déjalas escurrir durante 20 minutos. Pela las cebollas y córtalas finas. Pica el ajo. Pon los dos ingredientes en una cacerola con aceite y déjalo cocer a fuego lento durante 15-20 minutos. Añade los tomates pelados y cortados a dados. Déjalo cocer 10 minutos más. Pon la mitad de las láminas de berenjena sobre la bandeja del horno, recubierta de papel de vegetal. Pinta las láminas con aceite con la ayuda de un pincel de cocina y cuécelas en el horno durante 15 minutos a 180ºC.

2 Dispón en el fondo de un molde para charlotte las láminas de berenjena horneadas y alrededor de las paredes del mismo. Evita los moldes de metal ya que pueden alterar el sabor de las berenjenas.

3 Corta en dados el resto de láminas de berenjenas (menos tres) y añádelas a la salsa de tomate y cebolla. Bate los huevos e incorpora la ricotta, un poco de cilantro y las verduras. Salpimenta y mezcla bien. Vierte la preparación de verduras y huevo en el centro del molde y cúbrela con las láminas sobrantes de berenjena. Cuece en el horno durante 50 minutos a 150ºC. Desmóldala antes de servir. Se conserva hasta dos días en el frigorífico.

**Comensales:** 4
**Preparación y tiempo de cocción:** 1 hora y 50 minutos
**Precio:** Económico
**Dificultad:** Media

# Gratinado de queso de cabra, tomates y calabacines

400 gr. de calabacines
400 gr. de tomates
75 ml. de caldo vegetal
4 dientes de ajo
200 gr. de queso de cabra
Tomillo
Aceite de oliva
Sal

1 Lava y corta los calabacines a rodajas. Haz lo mismo con los tomates y pon todo en el fondo de la una fuente para horno. Añade el caldo por encima y reparte los ajos rallados por encima.

2 Mételo en el horno durante 10 minutos a 180ºC. Después desmigaja el queso de cabra por encima, añade el tomillo y un poco de aceite y sal. Déjalo en el horno durante otros 10 minutos.

**Comensales:** 4
**Preparación y tiempo de cocción:** 35 minutos
**Precio:** Económico
**Dificultad:** Fácil

# Calabacines rellenos de queso

**4 calabacines**
**80 gr. de queso fresco**
**2 claras de huevo**
**50 cl. de leche**
**50 cl. de crema de leche**
**3 chalotas**
**Aceite de oliva**
**Sal**
**Pimienta**
**Nuez moscada**

1 Primero se lavan los calabacines, se cortan en dos y se vacían, es decir, se quitan las semillas y algo de pulpa. Entonces se hierven en agua salada durante 3 minutos.

2 Después se rehogan las chalotas cortadas finas y la pulpa del calabacín en aceite. Se deja cocer lentamente unos 5 minutos y se agregan la leche, la nata, una pizca de nuez moscada, sal y pimienta. Antes de retirar, se deja 10 minutos más.

3 Por otro lado, se montan las claras a punto de nieve y se incorporan a la mezcla, al igual que el queso fresco.

4 Entonces se rellenan los calabacines con esta mezcla y se ponen en una bandeja de horno (vierte unas gotas de aceite sobre los calabacines para que no se sequen).

5 Deja que se hagan en el horno durante 20 minutos a 200ºC.

**Comensales:** 4
**Preparación y tiempo de cocción:** 50 minutos
**Precio:** Económico
**Dificultad:** Fácil

# Guarnición de manzanas, patatas y setas

**3 patatas medianas**
**2 manzanas**
**150 gr. de setas**
**Aceite de oliva virgen extra**
**Perejil**

1 Pela las patatas y las manzanas y córtalas a láminas finas. Saltéalas en una sartén un par de minutos con un poco de aceite y luego pásalas a una bandeja de horno. Hornéalas durante 15-20 minutos a 180ºC.

2 Limpia las setas, trocéalas y, en la misma sartén de antes, rehógalas con un chorrito de aceite unos minutos.

3 Mientras, ve preparando el aceite verde: pon las hojas de perejil lavadas en el vaso de la batidora, cubre con aceite de oliva virgen extra y bate hasta que el aceite y el perejil queden integrados.

4 Sirve las láminas de patatas y manzanas alternándolas entre ellas, reparte las setas por encima y termina con unos toques de aceite verde.

**Comensales:** 2
**Preparación y tiempo de cocción:** 40 minutos
**Precio:** Económico
**Dificultad:** Fácil

Calabacines rellenos de queso

Guarnición de manzanas, patatas y setas

# Cazuela de garbanzos

250 gr. de garbanzos cocidos
2 patatas medianas
1 cebolla grande
3 tomates pelados*
½ pimiento verde pelado*
1 pimiento rojo pelado*
150 gr. de bacon a tiras
2 hojas de laurel
2 tazas de caldo vegetal
Aceite de oliva
Comino molido
Sal

**Ingredientes para la picada:**
1 diente de ajo pelado
15 gr. de piñones
Perejil picado

**Lo de pelarlos es para que al hacerse el sofrito, cuando estos ingredientes estén blandos, no queden las pieles sueltas.*

1 Pon las tiras de bacón en una cacerola a fuego fuerte y fríelo, como si lo marcaras. Cuando esté dorado y crujiente, reserva.

2 Por otro lado, pela y corta las patatas a láminas. Fríelas hasta que estén crujientes y reserva.

3 La base de la receta es un buen sofrito de cebolla y pimientos, así que pica estos ingredientes muy finos. Primero rehoga la cebolla con un poco de aceite en la misma cacerola de antes, esta vez a fuego medio. Cuando esté translúcida, añade los pimientos y deja que se pochen lentamente. Luego añade los tomates cortados a dados pequeños. Sala la salsa y añade un poco de comino molido.

4 Deja cocer durante al menos 15 minutos y añade el caldo. De nuevo, deja cocer hasta que el líquido se reduzca a una tercera parte de su volumen inicial.

5 Añade el bacón, los garbanzos y las patatas y deja en el fuego durante 5-10 minutos más, a fuego medio-bajo, para que todos los sabores terminen de integrarse.

6 Mientras, prepara la picada machacando en un mortero todos los ingredientes hasta que quede una pasta. Incorpora la picada al guiso y retira del fuego. Rectifica de sal si fuera necesario.

**Comensales:** 2
**Preparación y tiempo de cocción:** 50 minutos
**Precio:** Económico
**Dificultad:** Fácil

# Consomé de Blody Mary

**½ kg. de tomates bien maduros**
**Albahaca fresca**
**Rábano picante**
**Ajo**
**Vinagre de vino tinto**
**1 chorrito de vodka**
**Sal**
**Pimienta**

1 Sólo hay que hervir los tomates y luego pasarlos por la batidora con el resto de ingredientes.

**Comensales:** 4
**Preparación y tiempo de cocción:** 10 minutos
**Precio:** Económico
**Dificultad:** Fácil

*Este es un consomé de tomate, obviamente, basado en los ingredientes del famoso cóctel Bloody Mary, sin llegar a ser alcohólico.*

# Crema de calabaza

**1 calabaza mediana**
**2 patatas medianas**
**4 quesitos de La Vaca que ríe**
**Sal**
**Pimienta**

1 Pela la calabaza, córtala a trocitos medianos y haz lo mismo con las patatas. Pon todo en una olla al fuego con agua y un poco de sal. Déjalo hervir durante unos 20 minutos y pínchalo para ver si está blandito.

2 Cuando esté, pon todo en el vaso de la batidora, añade unos 100 ml. del agua de la cocción, los quesitos, un poco de sal y un poco de pimienta.

3 Bátelo y listo para servir. Puedes cortar jamón y ponerlo por encima si te apetece.

**Comensales:** 6
**Preparación y tiempo de cocción:** 20 minutos
**Precio:** Económico
**Dificultad:** Fácil

Crema de calabaza

# Crema de champiñones al Oporto

**150 gr de champiñones**
**1 cebolla mediana**
**20 cl. de crema de leche**
**20 cl. de leche**
**Vino de Oporto**
**Mantequilla**
**Sal**

1 Derrite un poco de mantequilla en una cacerola y rehoga la cebolla en ella. Deja que coja color mientras limpias y troceas los champiñones. Para una cocción más rápida y menos dificultad al pasar la batidora, córtalos a trozos pequeños o a láminas finas.

2 Cuando la cebolla esté dorada, añade los champiñones y déjalos durante 5 minutos. Añade un chorrito de vino de Oporto y deja reducir.

3 Una vez reducido el vino, incorpora la crema de leche y la leche, remueve bien y deja reducir durante 10-15 minutos, a fuego medio.

4 Finalmente, rectifica de sal y pasa por la batidora.

5 Un acompañamiento diferente para este plato es el queso de cabra, que si desmenuzas por encima cuando todavía esté caliente, se deshará, dando un punto más de cremosidad al plato.

**Comensales:** 2
**Preparación y tiempo de cocción:** 30 minutos
**Precio:** Económico
**Dificultad:** Fácil

# Crema de castañas y zanahorias al cardamomo

**800 gr. de castañas frescas**
**500 gr. de zanahorias**
**1 l de leche**
**10 vainas de cardamomo**
**½ rama de canela**
**Sal**
**Kikos (opcional)**

1 Para esta receta es necesario pelar las castañas y retirar la piel interior marrón que las recubre. Para ello, calienta agua y cuando hierva, escalda las castañas durante 1 minuto. Así te será más fácil retirar ambas pieles.

2 Para empezar con la crema, calienta la leche en una olla y añade la canela y un punto de sal. Cuando arranque a hervir, añade las castañas, las zanahorias (peladas y cortadas a trocitos) y las semillas de cardamomo (abre las vainas y extrae las semillas).

3 Mientras se cuece, ve removiendo de vez en cuando para que no pegue al fondo.

4 Una vez las zanahorias y las castañas estén tiernas, aparta del fuego y pasa todo por la batidora. Verás que la leche se habrá reducido mucho, puedes añadir algo de leche fría si quieres que la crema quede más líquida.

5 Al final, puedes repartir unos kikos por encima para dar un toque crujiente.

**Comensales:** 4
**Preparación y tiempo de cocción:** 40 minutos
**Precio:** Medio
**Dificultad:** Media

Crema de champiñones al

# Crema de calabaza y manzana con contraste

**½ calabaza mediana**
**1 manzana**
**1 patata mediana**
**1 rama de canela**
**Aceite de oliva**
**Sal**
**Agua**
**Pipas de calabaza**
**1 diente de ajo**
**Pimienta de Cayena**

1 Pela y corta la calabaza, la manzana y la patata y ponlas a rehogar en una cacerola, con un chorrito de aceite, la rama de canela y una punta de sal.

2 Al cabo de 5 minutos, añade un vaso de agua y deja cocer a fuego medio. Si ves que la calabaza y la manzana no están tiernas pero se están secando, añade más agua.

3 Cuando todos los ingredientes se deshagan, retira la canela y pasa por el pasapurés.

4 Por otro lado, pica el diente de ajo a láminas y ponlo en una sartén con un poco de aceite. Cuando el ajo baile, añade las pipas de calabaza y una punta de pimienta de Cayena. Deja las pipas durante un minuto y retira la sartén.

5 Reparte las pipas por encima de la crema.

**Comensales:** 4
**Preparación y tiempo de cocción:** 20 minutos
**Precio:** Económico
**Dificultad:** Fácil

# Sopa de legumbres

**1 patata**
**1 zanahoria**
**250 gr. de judías verdes**
**200 gr. de guisantes**
**200 gr. de habas**
**1,5 l. de caldo**
**Aceite de oliva virgen extra**
**Sal**

1 Pela y corta la patata en dados y la zanahoria en rodajas. Lava y trocea las judías.

2 Rehoga la patata y la zanahoria en una olla un par de minutos con un poco de aceite. Vierte el cado y cuécelo a fuego suave 10 minutos. Echa una pizca de sal y agrega las judías, las habas y los guisantes. Deja cocer 5 minutos más.

**Comensales:** 4
**Preparación y tiempo de cocción:** 35 minutos
**Precio:** Económico
**Dificultad:** Fácil

Crema de calabaza y manzana con contraste

# Crema de calabacines

**2 calabacines medianos**
**4-5 patatas pequeñas**
**1 cucharada de queso cremoso**
**Sal**
**Pimienta**
**Mantequilla**
**1 vaso de agua**

1 Pela las patatas y trocéalas pequeñas.

2 Lava los calabacines y córtalos también a trozos pequeños, ya que ello facilita y agiliza la cocción. Yo normalmente les dejo la piel porque es donde más vitaminas tienen y da un color diferente a la crema.

3 Deshaz un poco de mantequilla en una cacerola y rehoga las hortalizas. Al cabo de 5 minutos, salpimenta y añade el vaso de agua. Tapa la cacerola y deja cocer unos 5 minutos más, hasta que los ingredientes estén tiernos (el tiempo de cocción dependerá del tamaño de los trozos, compruébalo pinchándolos con un tenedor).

4 Agrega el queso y tritura con la batidora o minipimer.

5 Para acompañar, tienes múltiples opciones, como casi con todas las cremas: desde unos simple croutons, un poco de jamón picado, unas virutas de parmesano...

**Comensales:** 2
**Preparación y tiempo de cocción:** 20 minutos
**Precio:** Económico
**Dificultad:** Fácil

# Vichyssoise

**150 cl. de leche**
**70 cl. de nata líquida**
**1 patata**
**½ kg de puerros**
**Sal**
**Pimienta**

1 Limpia y prepara la patata y los puerros. Hiérvelos en una olla durante 15 minutos.

2 Cuando haya pasado ese tiempo, pon la verdura en el vaso de la batidora, junto con la leche, la nata, un poco de agua de las verduras, una pizca de sal y pimienta.

3 Es una sopa fría, así que déjala enfriar un poco antes de servir.

**Comensales:** 2
**Preparación y tiempo de cocción:** 30 minutos
**Precio:** Económico
**Dificultad:** Fácil

Crema de calabacines

# Cestitas de ensalada

5 tomates
1 cebolla grande
1 aguacate
10 hojas de pasta filo
Sal
Zumo de limón
Aceite de oliva virgen extra
Cilantro fresco

1 Por un lado, corta las hojas de pasta filo en 4 partes cuadradas. Coge un molde para madalenas y pon 4 hojas en cada compartimiento, con las puntas que no coincidan.

2 Mete el molde en el horno hasta que la pasta esté dorada y crujiente.

3 Por otro lado, pela, despepita y corta en cuadraditos pequeños los tomates. Quitándole las pepitas evitarás que suelten tanto jugo y acaben humedeciendo la pasta filo.

4 Pela y pica también finos la cebolla, el aguacate y las hojas de cilantro.

5 Dispón todos estos ingredientes en una ensaladera, sálalos y rocíalos con el zumo de limón y un poco de aceite de oliva.

6 Finalmente, rellena cada cestito con la mezcla de ensalada.

**Comensales:** 10-12 cestitas
**Preparación y tiempo de cocción:** 15 minutos
**Precio:** Económico
**Dificultad:** Fácil

# Endibias rellenas de salmón

4 láminas de salmón ahumado o marinado
2 endibias
Zumo de 1 limón
1 chalota
½ aguacate
Mayonesa (optativo)

1 Corta el salmón ahumado en pequeños trozos y rocíalos con zumo de limón. Pela y pica la chalota y el trocea el aguacate.

2 Mézclalo todo bien y rellena las hojas de las endibias.

3 Para decorar les puedes poner un poco de mayonesa por encima.

**Comensales:** 2
**Preparación y tiempo de cocción:** 15 minutos
**Precio:** Económico
**Dificultad:** Fácil

Cestitas de ensalada

# Ensalada aromática de lentejas y butifarra negra

400 gr. de lentejas cocidas
200 gr. de butifarra negra
2 chalotas
1 diente de ajo
Menta fresca
Sal
Aceite de oliva virgen extra

1 Corta la butifarra a dados pequeños y mezcla con las lentejas cocidas. Disponlos en un plato o fuente.

2 Corta el diente de ajo y las chalotas muy finas e incorpóralas a los ingredientes anteriores. Sazona la ensalada y añade un chorrito de aceite de oliva.

3 Pica la menta fresca lavada y secada y reparte por encima.

**Comensales:** 4
**Preparación y tiempo de cocción:** 10 minutos
**Precio:** Económico
**Dificultad:** Fácil

# Ensalada de coliflor y naranja

1 coliflor grande
5 naranjas
1 diente de ajo
Vinagre
Sal
Aceite de oliva virgen extra

**Comensales:** 4
**Preparación y tiempo de cocción:** 20 minutos
**Precio:** Económico
**Dificultad:** Fácil

1 Separa los ramos de la coliflor del tallo, y quita las partes oscuras (si tiene). Lava la coliflor, escúrrela y cuécela hasta que esté tierna.

2 Mientras se cuece, pela cuatro naranjas quitándoles toda la piel y la parte blanca, ya que ésta última amarga. Separa los gajos con un cuchillo.

3 Exprime el zumo de la quinta naranja.

4 Machaca un ajo en el mortero y luego añade el zumo de naranja, una punta de sal, vinagre y aceite. Bate la mezcla hasta que esté bien emulsionada.

5 En un plato o fuente, dispón los gajos de naranja y la coliflor hervida. Reparte la vinagreta por encima. Se sirve tanto tibio como frío.

# Ensalada con salmón marinado

**400 gr. de salmón fresco en un trozo**
**50 gr. de cebolla tierna**
**Zumo de limón**
**1 aguacate**
**Tomatitos**
**Ensaladas variadas (escarola, rúcula...)**
**3 cucharadas de vinagre de Jerez**
**Sal**
**Pimienta de tres colores**
**6 cucharadas de aceite de oliva**

1 Limpia la cebolla y córtala en rodajas finas. Lava los tomatitos y córtalos por la mitad. Pela el aguacate, pártelo por la mitad, retira el huevo y corta la pulpa en trocitos. Riégalos con zumo de limón para que no se pongan negros.

2 Por otro lado, haz una vinagreta con la sal, el vinagre de Jerez, unas gotas de limón, la pimienta y el aceite. Elimina las espinas del salmón y mételo unos minutos al congelador para poder cortarlo fácilmente. Cuando esté semicongelado, córtalo en lonchas muy finas.

3 Reparte un poco de vinagreta por el fondo de una bandeja y por encima unas rodajas de cebolla. Cúbrelo con las lonchas de salmón, riégalo con más vinagreta y añade otra capa de cebolleta. Repítelo hasta que se te acabe el salmón. Entonces cubre la bandeja con papel de film y déjalo reposar en la nevera al menos unas dos horas. Para servirlo, pon en el fondo del plato un poco de ensalada, acompaña con el salmón, los tomates y el aguacate.

**Comensales:** 4
**Preparación y tiempo de cocción:** 30 minutos
**Precio:** Medio
**Dificultad:** Fácil

# Ensalada de arroz, pollo y piña

**Piña en almíbar**
**Arroz**
**Pollo**

1 Se le pueden poner más cosas, pero con esto ya queda muy bien y la combinación de sabores es buena.

2 Sólo hay que hervir el arroz. Por otro lado, se hace el pollo a la plancha y se pica pequeñito. Se corta la piña también, se mezcla todo, se pone en un bol y se emplata.

**Comensales:** –
**Preparación y tiempo de cocción:** 30 minutos
**Precio:** Económico
**Dificultad:** Fácil

Ensalada de arroz, pollo y piña

# Ensalada de garbanzos

400 gr. de garbanzos cocidos
4 tomates
1 pimiento verde
½ pimiento rojo
1 cebolla
Sal
Vinagre
Aceite de oliva
Orégano

1 Pica las hortalizas y disponlas en un bol. Añade los garbanzos y aliña con sal, vinagre y aceite. Reparte un poco de orégano por encima. ¿Puede ser más simple?

**Comensales:** 4
**Preparación y tiempo de cocción:** 10 minutos
**Precio:** Económico
**Dificultad:** Fácil

# Ensalada de judías verdes al limón

400 gr. de judías verdes finas
34 chalotas
16 tomates cherry
1 limón verde
40 gr. de piñones (opcional)
Vinagre de Módena
Sal
Pimienta
Aceite de oliva virgen extra

1 Lava las judías e hiérvelas 5 minutos en agua con sal. Después, escúrrelas y déjalas enfriar.

2 Prepara una vinagreta con las chalotas picadas finas, una pizca de sal, ralladura de la piel del limón, vinagre y aceite. Emulsiona bien.

3 Sirve en un plato las judías y los tomates cherry, partidos por la mitad.

4 Rocía con la vinagreta y, si quieres, reparte por encima los piñones previamente salteados en una sartén.

**Comensales:** 4
**Preparación y tiempo de cocción:** 20 minutos
**Precio:** Económico
**Dificultad:** Fácil

Ensalada de garbanzos

# Ensalada refrescante de tomate y pollo al curry

**2 pechugas de pollo**
**6 tomates**
**3 chalotas**
**2 cucharadas de aceite de oliva**
**1 cucharada de aceite de girasol**
**1 cucharada de curry en polvo**
**Sal**
**Pimienta**

1 Corta las pechugas de pollo en dados pequeños y sofríelas a fuego medio durante 15 minutos, en el aceite de girasol. Salpimiéntalo y al final añade el curry. Remueve bien.

2 Lava los tomates y córtalos. Pela y corta a rodajas las chalotas.

3 Mezcla todo en una ensaladera, con el aceite de oliva, un poco de sal y pimienta. Reserva en la nevera hasta el momento de servir.

**Comensales:** 6
**Preparación y tiempo de cocción:** 25 minutos
**Precio:** Económico
**Dificultad:** Fácil

# Ensalada de patatas a las finas hierbas

**12 patatas medianas**
**1 manojo de finas hierbas: cilantro, estragón, cebolleta...**
**2 chalotas**
**2 cucharadas de vinagre balsámico**
**1 cucharada de aceite de oliva**
**Sal**
**Pimienta**

1 Lava bien las patatas y, sin pelarlas, hiérvelas durante 10 minutos. Escúrrelas, sécalas y pélalas.

2 Corta las patatas a rodajas y disponlas en una ensaladera. Enseguida rocíalas de vinagre.

3 Pela las chalotas y pícalas muy finas. Pica las hierbas.

4 Añade estos dos ingredientes a las patatas, junto con el aceite de oliva. Salpimienta y listo.

**Comensales:** 8
**Preparación y tiempo de cocción:** 20 minutos
**Precio:** Económico
**Dificultad:** Fácil

Ensalada refrescante de tomate y pollo al curry

# Ensalada de uvas y queso de cabra

**4 chalotas pequeñas**
**Rúcula**
**100 gr. de uvas**
**200 gr. de queso de cabra**
**Vinagre de Jerez**
**Vinagre balsámico**
**Sal**
**Aceite de oliva virgen extra**

1 Pela las chalotas y córtalas a gajos. Déjalas marinar en vinagre de Jerez durante 15 minutos.

2 Dispón la rúcula y las uvas lavadas en la fuente o plato que vayas a servir e incorpora las chalotas.

3 Desmigaja el queso de cabra por encima de la ensalada.

4 Prepara la vinagreta con la sal, el vinagre balsámico y el aceite de oliva (por este orden) y rocía la ensalada con ella.

**Comensales:** 4
**Preparación y tiempo de cocción:** 25 minutos
**Precio:** Económico
**Dificultad:** Fácil

# Ensalada de pimiento y queso feta

**2 tomates**
**1 pepino**
**1 pimiento rojo**
**75 gr. de atún en aceite de oliva (opcional)**
**100 gr. de queso feta**
**1 ó 2 chalotas**
**Sal**
**Vinagre**
**Aceite de oliva virgen**

1 Corta los ingredientes frescos a láminas o a dados y disponlos en una fuente.

2 Desmenuza el atún y el feta por encima. Pica las chalotas y reparte por la ensalada.

3 Aliña con la sal, vinagre y aceite.

**Comensales:** 4
**Preparación y tiempo de cocción:** 15 minutos
**Precio:** Medio
**Dificultad:** Fácil

Ensalada de uvas y queso de cabra

# Ensalada de pollo, queso de Mahón y menta

**Canónigos**
**Tomates cherry**
**Chalotas**
**Pollo**
**Queso de Mahón**
**Menta seca**
**Menta fresca**
**Cebollino**
**Aceite de oliva virgen extra**
**Mostaza**
**Vinagre**
**Sal**
**Zumo de ½ limón**

1 Marina el pollo durante al menos media hora con aceite y menta, tanto fresca como seca.

2 Luego hazlo a la plancha y córtalo a tiras. Monta la ensalada poniendo los canónigos en la ensaladera, los tomates cherry por la mitad, taquitos de queso y luego el pollo. Pica la chalota y el cebollino muy finos y repártelo por encima.

3 Por último, haz una vinagreta con la mostaza, el vinagre, el zumo de limón, el aceite y menta fresca picada.

**Comensales:** 4
**Preparación y tiempo de cocción:** 20 minutos
**Precio:** Económico
**Dificultad:** Fácil

# Ensalada de lentejas

**1 kg. de lentejas**
**4 chalotas**
**½ kg. de tomates**
**1 pimiento rojo**
**1 pimiento verde**
**Menta fresca al gusto**
**Vinagre**
**Sal**
**Aceite de oliva virgen extra**

1 Si las lentejas son de bote, enjuágalas con agua y escúrrelas. Disponlas en una ensaladera. Si utilizas lentejas frescas, déjalas una noche en remojo y cuécelas al día siguiente. Una vez cocidas, escúrrelas bien y disponlas en la ensaladera.

2 Pica las verduras muy finas e incorpóralas a la fuente. Lava, seca y pica la menta para repartirla por la ensalada.

3 Por último, sazona con sal, una cucharada de vinagre y tres de aceite de oliva.

**Comensales:** 6
**Preparación y tiempo de cocción:** 20 minutos
**Precio:** Económico
**Dificultad:** Fácil

Ensalada de pollo, queso de Mahón y menta

# Lentejas y arroz en ensalada con mostaza y miel

**300 gr. de lentejas cocidas**
**200 gr. de arroz hervido**
**16 tomates cherry**
**1 pimiento rojo**
**1 pimiento verde**
**1 cebolla**
**1 cucharada de mostaza de Dijon**
**1 cucharada de miel**
**1 cucharada de vinagre**
**Sal**
**Comino molido**
**Sal**

1 Pica la cebolla y los pimientos a dados pequeñitos y mézclalos en una ensaladera con las lentejas y el arroz hervido. Adereza con sal y comino.

2 Sirve dos cucharones de ensalada en un plato y dispón los tomates cherry alrededor.

3 Para la vinagreta, pon una cucharada de mostaza y una de miel en un recipiente y ve añadiendo un hilillo de aceite mientras no dejas de batir como si hicieras mayonesa. Cuando tengas la cantidad deseada, añade una cucharada de vinagre, vuelve a batir y rocía la ensalada con la vinagreta.

**Comensales:** 4
**Preparación y tiempo de cocción:** 25 minutos
**Precio:** Económico
**Dificultad:** Fácil

# Ensalada de pasta y atún con salsa rosa

**200 gr. de macarrones o cualquier otro tipo de pasta que os guste**
**2 tomates**
**100 gr. de atún**
**1 lechuga**
**50 gr. de maíz**

1 Está claro que se lava lo que se tenga que lavar y se mezcla en una ensaladera, ¿no?

2 Lo podéis acompañar con una salsa rosa, que es muy fácil de preparar. Simplemente se pone un poco de mayonesa y ketchup en un vaso pequeño y se mezcla bien. Pruébalo para ver si está muy fuerte, y si lo está, añádele un poco más de mayonesa y un poquitín de aceite.

**Comensales:** 4
**Preparación y tiempo de cocción:** 30 minutos
**Precio:** Económico
**Dificultad:** Fácil

Lentejas y arroz en ensalada con mostaza y miel

# Taboulé

**1 puñado de bulgur integral**
**(del número 1 ó 2)**
**4 tomates grandes**
**1 manojo de cebollas tiernas**
**1 manojo de perejil**
**Menta fresca**
**Limón**
**Aceite de oliva**
**Sal**

1 Antes de empezar deja el bulgur en un bol con agua caliente hasta que esté tierno.

2 Lava y prepara las cebolletas. Pícalas muy finas. Haz lo mismo con los tomates y dispón ambos ingredientes en una ensaladera.

3 Lava y seca el perejil. Luego pícalo fino. Es importante que haya mucho perejil, ya que junto al bulgur es la base de esta ensalada.

4 Lava y pica también unas hojas de menta.

5 Mezcla todo en la ensaladera y rocíalo con el zumo del limón, un poco de sal y aceite de oliva.

**Comensales:** 4
**Preparación y tiempo de cocción:** 25 minutos
**Precio:** Económico
**Dificultad:** Fácil

# Espagueti alla putanesca

200 gr. de espaguetis
1 cucharada de aceite de oliva
½ cebolla
1 diente de ajo
1 pimiento chili pequeño
6 filetes de anchoa
200 gr. de tomates
½ cucharada de orégano
8 aceitunas negras
1 cucharada de alcaparras
1 cucharada de albahaca fresca picada

1 Calienta el aceite en una sartén y saltea la cebolla, el chili y el ajo picados finos. Fríelo a fuego medio durante unos 5-6 minutos, hasta que la cebolla empiece a estar dorada. Añade los filetes de anchoas troceados y dale un minuto más.

2 Entonces incorpora los tomates troceados, el orégano, las aceitunas deshuesadas y cortadas por la mitad y las alcaparras. Cuécelo durante 15 minutos y salpimienta.

3 Cuando además hayas hervido la pasta durante el tiempo que indique en el paquete, mézclalo todo y sirve.

**Comensales:** 4
**Preparación y tiempo de cocción:** 30 minutos
**Precio:** Económico
**Dificultad:** Fácil

# Espagueti con tomates cherry

150 gr. de pasta
16 tomates cherry
1 cucharada de aceite de oliva
1 diente de ajo
2 chalotas
1 cucharada de azúcar
10 cl. de crema de leche
1 vasito de vino blanco
Albahaca seca
Sal
Pimienta

1 Cuece la pasta en una olla.

2 Por otro lado, corta todos los tomates por la mitad. Calienta el aceite en una sartén, añade el ajo y las chalotas picadas muy finas y cuando estén doradas, échales el azúcar, remueve e incorpora los tomates y el vino. Cuando éste se haya evaporado, añade la crema de leche y la albahaca. Cuécelo hasta que la salsa se reduzca un poco.

3 Ahora escurre la pasta y sírvela. Reparte por encima la salsa y pon un poco de pimienta negra fresca.

**Comensales:** 2
**Preparación y tiempo de cocción:** 30 minutos
**Precio:** Económico
**Dificultad:** Fácil

Espagueti con tomates cherry

# Pasta al vodka

400 gr. de pasta al gusto
1 cucharada de mantequilla
1/3 de vaso de vodka
Un buen pellizco de pimienta roja (cayena molida)
3 tomates medianos
3/4 de vaso de nata para cocinar
Sal

1 Es muy simple de preparar: Funde la mantequilla en una sartén y añade el vodka. Cuando haga chup-chup, pon la pimienta roja, los tomates cortados a dados y la sal.

2 Cuando los tomates estén cocinados, añade la nata y deja cocer sin llegar a hervir hasta que la salsa se reduzca.

3 Mezcla con la pasta hervida aparte y listo.

**Comensales:** 2
**Preparación y tiempo de cocción:** 30 minutos
**Precio:** Económico
**Dificultad:** Fácil

# Pasta marciana

**½ kg. de espinacas**
**150 gr. de pasta,**
**de alguna forma original,**
**como los tulipanes que luego**
**parecen platillos volantes**
**Bechamel clarita**
**(como la bechamel pero**
**con más leche)**

*Esta receta viene de mi tía, que es cocinera de un colegio y llaman así a esta pasta por los niños.*

1 Por un lado se hierve la pasta. Por otro, se hierven las espinacas y cuando estén se escurren bien, que suelten todo el agua posible.

2 Luego, se mezclan la bechamel y las espinacas y se pasan por la batidora.

3 Se sirve un fondo de crema de espinacas y luego se reparte la pasta por encima.

**Comensales: 4**
**Preparación y tiempo de cocción: 30 minutos**
**Precio: Económico**
**Dificultad: Fácil**

# Lasaña de calabaza y puerros

1 paquete de pasta para lasaña
1 kg. de calabaza
2 puerros
100 gr. de parmesano
50 gr. de mantequilla + un poco para rehogar las verduras
1 cucharada de maicena
½ l. de leche
3 cucharadas de piñones
Sal
Pimienta blanca
Nuez moscada

1 Prepara la pasta de la lasaña según las instrucciones del paquete. Pela los puerros y lávalos. Pícalos en láminas finas. Pela la calabaza, retira las semillas y córtala en trozos. En una cacerola, rehoga la calabaza y los puerros con un poco de mantequilla y luego cubre con agua. Tapa la cacerola y deja hervir hasta que los ingredientes estén tiernos. Por otro lado, prepara la bechamel: en un cazo, funde la mantequilla con la maicena, agrega la leche templada poco a poco y sin dejar de remover. Retírala del fuego cuando empiece a espesar. Entonces, tritura la calabaza y sazónala con sal y nuez moscada. Mézclala con el puerro y el parmesano.

2 Ahora forma la lasaña en una fuente de horno (primero una capa de pasta al fondo, después relleno, bechamel, pasta, relleno, bechamel, pasta y por último bechamel). Cubre con piñones y si quieres queso rallado para gratinar.

**Comensales:** 4
**Preparación y tiempo de cocción:** 30 minutos
**Precio:** Económico
**Dificultad:** Fácil

# Lasaña de jamón, espinacas y alcachofas

Pasta para lasaña de la que no se tiene que hervir
20 gr. de mantequilla
1 cucharada de harina
1 pizca de nuez moscada
310 ml de leche
1 hoja de laurel
1 cucharada de aceite de oliva
1 diente de ajo (no es indispensable)
400 gr. de espinacas
6 lonchas de jamón york, que sean finas
4 corazones de alcachofa
2 cucharadas de parmesano rallado

1 Como para todas las lasañas, por un lado se prepara la bechamel y por otro el relleno.

2 Para el relleno, empezaremos calentando el aceite en una sartén y salteando el ajo picado. Entonces añadimos las espinacas (ya hervidas) y les damos unas vueltas. A continuación, empezamos a montar la lasaña. Como siempre, partimos de una base de pasta, ponemos 3 lonchas de jamón york, la mitad de las espinacas y bechamel. De nuevo, pasta, jamón, espinacas y bechamel. Por último, ponemos la última capa de pasta y recubrimos todo con bechamel.

3 Espolvorea con el parmesano rallado y deja que se haga en el horno unos 30-40 minutos a 150°C.

**Comensales:** 4
**Preparación y tiempo de cocción:** 30 minutos
**Precio:** Económico
**Dificultad:** Fácil

Lasaña de jamón, espinacas y alcachofas

# Pasta alla matriciana

200 gr. de pasta
(bucatini, spaghetti, penne, rigatoni)
4 lonchas de panceta
2 cebollas pequeñas ó 1 mediana
1 vasito de vino blanco
2 tomates grandes
½ pimiento chili
Aceite de oliva
Sal
Parmesano o pecorino al gusto

Comensales: 2
Preparación y tiempo de cocción:
30 minutos
Precio: Económico
Dificultad: Fácil

1 En una cacerola, pon las cebollas peladas y picadas en juliana con un poco de aceite de oliva. Cuando estén transparentes, añade la panceta cortada a tiras y deja que se dore a fuego medio.

2 Incorpora el vaso de vino blanco y el chili cortado muy pequeño. Cuando la cebolla y la panceta estén bien doradas y el vino evaporado, añade los tomates pelados y triturados. Baja el fuego y deja que la salsa se reduzca a la mitad. Remueve de vez en cuando para evitar que se pegue al fondo.

3 Mientras, pon la pasta a cocer según las instrucciones del paquete. Cuando esté lista, escurre sirve en una fuente. Reparte la salsa por encima cuando esté lista y ralla un poco de queso por encima.

# Pasta con piña y curry

200 gr. de pasta
8 rodajas de piña en almíbar
y el almíbar
1 cebolla grande
Curry
Aceite de oliva virgen
Sal

*Nota: La clave de esta receta es la combinación agridulce, por lo que si decidís hacerlo con piña natural, cambiad el almíbar por mermelada de piña o simplemente añadid azúcar a la salsa*

1 Corta la cebolla en juliana y rehógala en una cacerola con aceite de oliva. Cuando esté dorada, añádele el almíbar y seguidamente la piña troceada.

2 Deja que se reduzca el jugo y añade 1 cucharadita pequeña de curry. Déjalo en el fuego unos minutos más, sin dejar que la salsa quede seca. Añade la pasta a cacerola, previamente hervida, mezcla bien con la salsa y sirve.

**Comensales:** 4
**Preparación y tiempo de cocción:** 30 minutos
**Precio:** Económico
**Dificultad:** Fácil

# Pasta con salsa ragú

**250 gr. de carne picada de ternera**
**250 gr. de carne picada de cerdo**
**1 vaso de vino tinto seco**
**30 gr. de mantequilla**
**2 cucharadas de aceite de oliva**
**1-2 zanahorias**
**1 rama de apio**
**1 cebolla**
**80-120 gr. de panceta (o salchichas)**
**400 gr. de tomates en lata (enteros o triturados)**
**Sal, pimienta y laurel**
**100 gr. de parmesano rallado**

1 Pica la cebolla, las zanahorias y el apio muy pequeño. Prepara una olla con el aceite a fuego fuerte e introduce los ingredientes anteriores junto con la panceta. Después de un par de minutos, baja el fuego y deja cocer hasta que la cebolla esté dorada. Entonces añade la carne, deja el fuego a potencia media y deja cocer, removiendo de vez en cuando para que la carne se haga bien.

3 Una vez la carne esté hecha, vierte el vaso de vino, remueve y deja que se evapore. En este punto, añadir el tomate. Si son tomates enteros, estrújalos con las manos antes de echarlos a la olla. Salpimienta y añade una hojitas de laurel. Baja el fuego y a partir de aquí deja cocer entre una y tres horas, idealmente hasta que la grasa empiece a flotar en la superficie de la salsa. Si fuera necesario, añade agua caliente a la salsa para que no se seque demasiado. Mientras la salsa se termina de hacer, cuece la pasta según las instrucciones del paquete.

**Comensales:** 4
**Preparación y tiempo de cocción:** 30 minutos
**Precio:** Económico
**Dificultad:** Fácil

# Patatas Hasselback

**6 patatas pequeñas**
**Mantequilla**
**Sal en escamas**
**Romero**
**Pimienta negra**

1 Empieza cortando las patatas a láminas pero sin llegar al final (como aparece en la foto). Para hacerlo, puedes ayudarte de una cuchara, poniendo la patata sobre ella.

2 Luego inserta algunas escamas de sal en las patatas, pon un poco de pimienta negra recién molida y el romero.

3 Por último, corta 6 dados pequeños de mantequilla y ponlos encima de las patatas. Mételas en el horno durante 40 minutos a 200ºC.

**Comensales:** 2
**Preparación y tiempo de cocción:** 1 hora
**Precio:** Económico
**Dificultad:** Fácil

Pasta con salsa ragú

Patatas Hasselback

# Quiche de espárragos, bacón y cebolla confitada

Masa quebrada
1 manojo de espárragos trigueros
5-6 lonchas de bacón
2 cebollas grandes
6 huevos
225 cl. de crema de leche
Aceite de oliva
Mantequilla
Azúcar
Sal
Pimienta

1 Empieza confitando las cebollas. Para ello, pélalas, córtalas muy finas y ponlas en una cacerola con 4 cucharadas de aceite, 4 de mantequilla y 6 de azúcar. Déjalo cocer a fuego lento durante al menos media hora, removiendo de vez en cuando.

2 Una vez la cebolla haya cogido un color acaramelado y una textura de mermelada, escúrrela y déjala apartada. Deja en la cacerola un poco de aceite, lo suficiente para cubrir el fondo, y retira el resto. Dispón los espárragos cortados en 3 en la cacerola y cubre con agua. Deja hervir durante unos 10 minutos o hasta que los espárragos empiecen a estar tiernos.

3 Para montar la quiche, engrasa un molde (si es de silicona no hace falta) y cubre con la masa quebrada. Pasa el rodillo por los bordes del molde para eliminar los excesos de masa.

4 Cubre el fondo con la cebolla caramelizada. Reparte por encima los espárragos, y luego el bacón a tiras. Mezcla en un bol los 6 huevos con la crema de leche y vierte la mezcla sobre el relleno de la quiche.

5 Precalienta el horno a 210ºC y luego mete la quiche durante 20 minutos a 180ºC (o hasta que veas que la masa ha cuajado y la superficie está ligeramente dorada).

6 Cuando la saques del horno, déjala enfriar en el molde durante 10 minutos y luego ya puedes emplatar. La quiche puede servirse tibia o fría.

**Comensales:** 6
**Preparación y tiempo de cocción:** 50 minutos
**Precio:** Económico
**Dificultad:** Media

# Tarta de mozzarella y tomate

**Ingredientes para la masa:**
1 huevo
2 cucharadas soperas de agua fría
185 gr. de harina
100 gr. de mantequilla cortada a dados

**Ingredientes para el relleno:**
20 tomates cherry
1 cucharada de aceite de oliva
220 gr. de mozzarella fresca, cortada a rodajas
2 ajos tiernos
Tomillo
Albahaca
Sal

## Elaboración de la masa:

1 Bate el huevo con el agua fría. En otro recipiente, con la punta de los dedos mezcla la harina con la mantequilla, hasta que se ésta última se haya deshecho y la mezcla tenga la textura del pan rallado. Agrega el huevo a la mezcla anterior y amasa hasta obtener una pasta homogénea.

2 Envuelve la masa en papel de film y déjala reposar en la nevera 20 minutos. Saca la masa de la nevera y, con la ayuda de un rodillo, extiéndela sobre la mesa de trabajo, que debe estar bien enharinada. Rellena el molde que vayas a utilizar con la masa, cúbrela con papel de horno y reparte por encima legumbres secas, para que hagan de contrapeso y la masa no suba en el horno. Hornea durante 25 minutos a 210ºC.

## Preparación del relleno:

1 Puedes ir avanzando esta parte mientras la masa está en la nevera.

2 Corta los tomates en dos, ponlos en una fuente de horno y rocíalos con aceite de oliva, sal, tomillo y albahaca. Hornéalos durante 15 minutos.

## Montaje de la tarta:

1 Una vez la masa ya esté lista, reparte por encima los tomates, la mozzarella a rodajas y los ajos tiernos cortados finos. Espolvorea con sal, tomillo y albahaca de nuevo y mételo al horno durante 10 minutos más. Sírvela tibia.

**Comensales:** 6
**Preparación y tiempo de cocción:** 50 minutos
**Precio:** Económico
**Dificultad:** Difícil

# Tarta de tomates confitados y atún fresco

Pasta de hojaldre
200 gr. de atún fresco (a filetes)
6 tomates rojos
12 tomates cereza
1 cucharada de miel
1 cucharada de vinagre balsámico
Aceite de oliva
Sal
Pimienta

1 Pela los 6 tomates, trocéalos y ponlos en una cacerola junto con una cucharada de aceite de oliva, la miel, el vinagre, un poco de sal y pimienta. Deja confitar durante 30 minutos.

2 Forma un rectángulo con la pasta de hojaldre, pínchalo con un tenedor y consérvalo en un lugar fresco mientras calientas el horno.

3 Para preparar la tarta, extiende el confite de tomate sobre el hojaldre. Parte los tomates cerezas en dos y ponlos salteados sobre el confite. Rocía con un poquito de aceite y hornéalo durante 15-20 minutos.

4 Por otro lado, saltea los filetes de atún en una sartén y cuando la tarta esté lista, ponlos pon encima. Se sirve tanto fría como caliente.

**Comensales:** 6
**Preparación y tiempo de cocción:** 40 minutos
**Precio:** Económico
**Dificultad:** Fácil

# Tzatsiki

2 yogurts griegos
1 pepino mediano
1 diente de ajo
1 cucharadita de sal
4 hojas de menta fresca
1 cucharada de menta seca
Aceite de oliva
½ limón

1 Pela y corta el pepino a dados.

2 Machaca en un mortero el ajo, la sal y la menta fresca. Mézclalos con el yogurt y los pepinos en un bol y añade la menta seca, el zumo del limón y unos hilillos de aceite de oliva. Vuelve a mezclar.

3 Unos le llaman *Tzatsiki* —los griegos—, otros *Laban Maa Ijiar* —los árabesv y muchos le llaman simplemente *Pepino con yogurt*. Sea como sea, en casa no nos cansaremos nunca de esta ensalada. Ligera y refrescante, nos vuelve locos.

**Comensales:** 4
**Preparación y tiempo de cocción:** 10 minutos
**Precio:** Económico
**Dificultad:** Fácil

Tzatsiki

# pescados y mariscos

# Empanada de atún

½ kg. de tomates
2 pimientos rojos medianos
1 pimiento verde
2 cebollas medianas
2 huevos
Masa quebrada
3 latas de atún
Sal
Aceite de oliva virgen extra

1 Aunque puede parecer complicada, la empanada de atún es muy fácil de preparar. Se basa en un sofrito de verduras con atún, pero mejor lo explicamos paso a paso. Empieza pelando y picando las cebollas. Ponlas en una sartén con un par de cucharadas de aceite y sofríelas a fuego medio hasta que empiecen a estar transparentes.

2 Mientras, lava los pimientos y córtalos. Incorpóralos a la sartén y deja cocer hasta que empiecen a estar blanditos. Por otro lado, ralla los tomates y añádelos al sofrito. Al cabo de 5 minutos, mezcla las dos latas de atún con las verduras, dejándolo en el fuego 5 minutos más. Si te apetece, cuece los huevos hasta que estén duros, pícalos y mézclalos con el sofrito.

3 Para montar la empanada, extiende la masa quebrada sobre la fuente que vayas a utilizar. No olvides engrasarla un poco para que no se quede pegada. Cuando el sofrito esté listo, rellena la fuente con él y utiliza el sobrante de masa para recubrirlo.

4 Deja cocer en el horno durante 30 minutos. Se puede comer caliente o fría.

**Comensales:** 4
**Preparación y tiempo de cocción:** 50 minutos
**Precio:** Económico
**Dificultad:** Fácil

# Atún a la provenzal

4 rodajas de atún fresco
4 tomates
2 calabacines
2 pimientos amarillos (si no los encuentras, que sean rojos)
2 chalotas
2 dientes de ajo
Tomillo
3 cucharadas soperas de aceite de oliva
Sal
Pimienta

1 Pela y machaca el ajo. Mézclalo en el mortero con las chalotas peladas y picadas, el aceite de oliva, un poco de tomillo, sal y pimienta. Vierte la salsa en un recipiente y deja marinar el atún durante 15 minutos.

2 Mientras, lava y corta a rodajas los calabacines y haz lo mismo con los tomates. Lava, despepina y corta a láminas los pimiento.

3 Alterna en la fuente para el horno el atún con las verduras y rocíalos con la marinada.

4 Mételo en el horno durante 8-10 minutos a 240ºC.

**Comensales:** 4
**Preparación y tiempo de cocción:** 20 minutos
**Precio:** Medio
**Dificultad:** Fácil

Empanada de atún

# Calamars à l'espagnole

½ kg. de calamares frescos
2 pimientos verdes largos (los largos tienen la piel y la carne más fina)
15 cl. de vinagre blanco
1 limón verde
2 chalotas
2 dientes de ajo
1 cucharada sopera de vinagre de Jerez
Pimentón
1 hoja de laurel
Sal (gruesa y fina)
Pimienta
Aceite de oliva virgen extra

1 Lava los calamares y córtalos en rodajas (como si fuéramos a hacerlos a la romana). Pon en una cacerola el vinagre blanco, 30 cl. de agua, dos cucharaditas de sal gruesa, una pizca de pimentón, el zumo del limón, las chalotas picadas finas y el laurel.

2 Llévalo a ebullición y entonces añade los calamares. Déjalo cocer durante uno o dos minutos.

3 Saca los calamares y cuando se hayan enfriado, ponlos en un tarro o un bol que luego puedas tapar. Añade el resto de ingredientes (menos el pimiento y el ajo), cúbrelo de aceite de oliva, tápalo y déjalo marinar al menos 12 horas.

4 Justo antes de servir, corta los pimientos verdes en láminas muy finas y pica el ajo, también muy pequeño. Mézclalo todo y listo.

**Comensales:** 4
**Preparación y tiempo de cocción:** 15 minutos
**Precio:** Económico
**Dificultad:** Fácil

# Coca de pimientos y atún

Ingredientes para la masa:
½ kg. de harina
30 gr. de levadura
1 taza de agua
Aceite de oliva

Ingredientes para el relleno:
4 pimientos
2 cebollas
3 tomates
Atún (podéis hacerla sólo de pimientos o atún y pimientos si queréis)

1 Primero, para preparar la masa, mezcla la harina con el agua, el aceite y la levadura. Amásalo hasta obtener una masa suave y, después de dejarlo reposar unos 30-45 minutos, estíralo en un molde untado de mantequilla. Mételo en el horno unos minutos.

2 Mientras, para el relleno, se hace un sofrito con las verduras (y el atún). Como ya sabes, primero rehogaremos en la sartén la cebolla, cortada. Luego añadiremos los pimientos a tiras. Después de los pimientos, se añade el atún si la vamos a hacer de atún. Entonces, cuando el atún y los pimientos ya estén blanditos, se añade el tomate, cortado a dados y se deja que se haga, hasta que la masa quede suave (pero siempre que al probarlo podamos distinguir por separado el trozo de pimiento del de tomate).

3 Cuando tengáis el sofrito, se extiende por la masa y de nuevo se mete al horno. Simplemente queremos que la masa quede hecha y crujiente, pero no os paséis con el tiempo del horno porque hay que tener en cuenta que el sofrito ya está cocinado.

**Comensales:** 4
**Preparación y tiempo de cocción:** 20 minutos
**Precio:** Económico
**Dificultad:** Fácil

# Mil hojas de salmón con verduras

2 supremas de salmón
1 calabacín
1 zanahoria
1 cebolla
2 patatas pequeñas
½ limón
Sal
Pimienta
Aceite de oliva

1 Por un lado, empieza cortando las supremas de salmón a filetes. Dependiendo de cómo sean de gruesas, te saldrán 2 ó 3 filetes. Dispón los filetes en una fuente y rocía con el zumo del medio limón. Reserva en la nevera mientras preparas las verduras.

2 Por otro lado, lava el calabacín y córtalo a tiras finitas. Haz lo mismo con la zanahoria, las patatas y con la cebolla. Calienta una cucharada de aceite de oliva en una sartén y saltea las verduras durante cinco minutos.

3 Prepara la fuente o bandeja del horno con papel vegetal, que sobre por los cuatro lados para poder cubrir el salmón. Para montar el milhojas, pon el filete más ancho en la fuente, cubre con verduras y pon otro filete de pescado. Repite la operación hasta que termines de repartir el salmón y las verduras.

4 Como hemos dicho, cubre el salmón con el papel del horno y déjalo cocer a 180ºC durante 12 minutos.

**Comensales:** 2
**Preparación y tiempo de cocción:** 35 minutos
**Precio:** Económico
**Dificultad:** Fácil

# Pannequets de tartare de salmón

120 gr. de salmón fresco
2 láminas de salmón ahumado
1 cucharadita de mayonesa
1 cucharadita de mostaza fuerte
1 cucharadita de eneldo
1 cucharada de aceite de oliva
1 chalota mediana
4-5 pepinillos en vinagre pequeños
El zumo de 1 limón
Sal
Pimienta negra
3 cucharadas de crema de leche

1 Antes de nada, recuerda que el salmón, como todos los pescados, deben haber estado congelados al menos 48h antes de su consumo (por aquello del anisakis).

2 Una vez el salmón esté descongelado, procede a quitarle la piel y las espinas. Trocéalo muy pequeño y ponlo en un bol. Añade la mostaza, la mayonesa, el eneldo, el aceite de oliva, el zumo de medio limón y la chalota y los pepinillos picados muy finos. Mezcla bien y refrigera durante 1 hora. Para montar los paquetitos, extiende una lámina de salmón ahumado, deposita una cucharada de tartar en el centro, dobla las 4 puntas hacia el interior y dale la vuelta al paquete.

3 Para la salsa, mezcla la crema de leche con el resto de zumo de limón y salpimienta. Sirve un par de cucharaditas de salsa y deposita el paquetito encima.

**Comensales:** 2
**Preparación y tiempo de cocción:** 1 hora y 20 minutos
**Precio:** Medio
**Dificultad:** Fácil

# Pastel de aguacate y marisco

200 gr. de carne de cangrejo
12 gambas cocidas y peladas
200 gr. de yogur natural sin azúcar
4 aguacates maduros
2 limones verdes
1 cucharada de mostaza
1 cucharada de kétchup
1 cucharada de whisky
1 cucharadita de pimentón
Sal

1 Para la salsa, mezcla el yogur con la mostaza, el ketchup, el whisky, el pimentón y un poco de sal. A esto, añade el cangrejo y las gambas picadas.

2 Pela los aguacates y córtalos a dados. Rocíales de zumo de limón.

3 En un molde, monta el pastel así: en el fondo una capa de aguacates, rellénalo con la salsa y cúbrelo de nuevo con aguacates.

Comensales: 4
Preparación y tiempo de cocción: 35 minutos
Precio: Medio
Dificultad: Fácil

# Salpicón de aguacate y marisco

2 aguacates
1 filete de pescado blanco hervido
8 tomates cherry
8 gambas gruesas cocidas
1 tentáculo de pulpo cocido
1 lata de berberechos grandes
1 lata de mejillones en escabeche
1 limón
1 guindilla de jalapeño o tabasco
1 cucharada de aceite de oliva
Orégano seco, sal y cilantro fresco

1 Limpia el limón, córtalo por la mitad y exprime su zumo. Pásalo por el colador para que no queden trocitos de pulpa. Lava los tomates cherry y córtalos en cuatro. Corta el filete de pescado en cubitos, disponlos en un cuenco y macéralos con el zumo de limón y un poco de sal durante 30 minutos.

2 Abre las latas de mejillones y berberechos y escúrrelos. Pela las gambas cocidas y córtalas en trocitos. Corta también el pulpo a rodajas pequeñas. Añade al cuenco del pescado los mejillones, los berberechos, las gambas y el pulpo. Sala y sazona y añade el jalapeño o unas gotas de tabasco. Mezcla con una cuchara de madera, añade el aceite de oliva y deja que se enfríe en la nevera. Justo antes de servir, abre los aguacates por la mitad, retira el hueso, pélalos y corta la pulpa en trocitos. Añádelo al marisco e incorpora los tomates, el orégano y el cilantro picado. Mezcla todos los ingredientes y sirve inmediatamente. Esta receta la puedes hacer con cualquier mezcla de mariscos, como almejas, langostinos.

Comensales: 4
Preparación y tiempo de cocción: 25 minutos
Precio: Medio
Dificultad: Fácil

Pastel de aguacate y marisco

# Gambas al ajillo

**Gambas (¿cuántas sois capaces de comer? (jeje)**
**1 ajo**
**1 copita de vino blanco**
**Pimentón (opcional)**
**Perejil (opcional)**
**Sal**
**Aceite de oliva virgen extra**

1 Pela las gambas y resérvalas.

2 Pon el ajo a láminas en una sartén con un chorrito de aceite. Cuando veas que éste empieza a bailar, añade las gambas, una pizca de sal y deja que se hagan un par de minutos por lado.

3 Incorpora la copa de vino blanco y cubre la sartén por unos minutos.

4 Mientras, puedes lavar, secar y picar el perejil que dará el toque final.

5 Cuando las gambas estén cocidas, reparte todo el contenido de la sartén en dos cazuelitas de barro, espolvorea un poco de pimentón por encima y un poco de perejil.

6 Servir cuando todavía está bien caliente.

**Comensales:** 4
**Preparación y tiempo de cocción:** 15 minutos
**Precio:** Medio
**Dificultad:** Fácil

# Lenguado a la naranja

**2 lenguados**
**2 naranjas**
**1 cebolla grande**
**2 ajos**
**2 cucharadas de azúcar**
**Sal**
**Aceite de oliva virgen extra**

1 Primero pela y corta el láminas los ajos y la cebolla y rehógalos en una sartén un par de minutos con aceite. Entonces pon en la sartén los lenguados también y fríelos dos minutos más por cada lado, con un poco de sal.

2 Exprime las dos naranjas e incorpora el zumo al pescado, junto con el azúcar.

3 Deja cocer durante 15 minutos hasta que el zumo de las naranjas se haya reducido.

**Comensales:** 4
**Preparación y tiempo de cocción:** 25 minutos
**Precio:** Medio
**Dificultad:** Fácil

Gambas al ajillo

# Shiitake con su vinagreta de mango y wontons de langostino

20 láminas de pasta para wonton (en supermercados asiáticos)
20 langostinos pelados y sin intestino
200 gr. de shiitake secos; 1 huevo
100 gr de chalotas; Salsa de soja
Jengibre picado; Aceite de oliva
250 ml. de pulpa de mango triturada
4 cucharadas soperas de vinagre de Chardonnay (o de manzana)
Azúcar; Aceite de girasol para freír

1 Para preparar el relleno de los wonton hidrata los shiitake poniéndolos en agua caliente. Pela las chalotas y pícalas muy pequeñas. Rehógalas en el aceite de oliva y cuando tomen color añade los shiitake cortados. Cuece cinco minutos a fuego medio y condiméntalos con el jengibre y la soja.

2 Para el montaje en una lámina de pasta wonton pon un langostino y una cucharada de shiitake. Pinta los bordes de la lámina con huevo batido y cierra de forma triangular, uniendo cada esquina con la siguiente. Fríe en abundante aceite hasta que estén bien dorados.

3 Para la vinagreta de mango pela el mango, córtalo a trozos y tritúralo. Añade dos cucharadas de vinagre de Chardonnay. Sirve los wonton todavía calientes con la salsa de mango.

**Comensales:** 4
**Preparación y tiempo de cocción:** 25 minutos
**Precio:** Medio. **Dificultad:** Media

# Pulpo al vino blanco

1 pulpo mediano
4 cebollas medianas
350 ml. de vino blanco
4 dientes de ajo
4 tomates
1 cucharada de miel
Tomillo seco y perejil fresco
6 cucharadas de aceite de oliva
Pimienta en grano y sal

1 Congela el pulpo la noche anterior. Al día siguiente, deja que se descongele en la parte baja de la nevera, y una vez listo, disponlo en un recipiente con 4 cucharadas de vino blanco. Mételo en el horno, precalentado a 150º, y déjalo cocer durante 1 hora.

2 Mientras, pela y pica las cebollas y los tomates. Lava el perejil, sécalo y pícalo finamente. Calienta el aceite de oliva en una cazuela ancha que pueda ir al horno y pocha las cebollas a fuego lento durante 5 minutos, con una pizca de sal. En el último minuto, añade los dientes de ajo enteros.

3 Retira el pulpo del horno, déjalo enfriar unos minutos y corta la cabeza en trocitos y los tentáculos en rodajas de 3-4 mm. de espesor. Añádelo a la cazuela. Rocía la preparación con una cucharada de miel, incorpora los tomates y unos granos de pimienta. Remueve con una cucharada de madera, añade el resto del vino y una pizca de tomillo seco. Cubre la cazuela con una tapadera y cuece en el horno durante unas dos horas. Antes de servir, espolvorea en perejil picado y rectifica de sal.

**Comensales:** 4
**Preparación y tiempo de cocción:** 20 minutos
**Precio:** Económico
**Dificultad:** Fácil

Shiitake con su vinagreta de mango y wontons de langostino

# Tataki de atún

½ kg. de lomo de atún
2 dientes de ajo
30 gr. de jengibre fresco picado
2 hojas de laurel
2 cucharadas de salsa de soja
2 cucharadas de vinagre de chardonnay
1 cucharada de azúcar
Pimienta negra
Aceite de sésamo
Aceite de oliva virgen extra

Para el yogurt:
250 gr. de yogurt griego
2 cucharadas de jengibre fresco
½ de la cáscara de limón
Sal

## Preparación del atún:

1 En un bol mezclar el vinagre con el jengibre, el laurel con aceite de oliva. Cuando lo tengas bien mezclado baña en él el atún cortado a cuadrados regulares pequeños y macéralo durante un par de horas.

## Preparación del atún:

1 En un bol mezcla el yogur con el jengibre fresco picado, la cáscara rallada y una pizca de sal. Reserva en la nevera durante media hora.

2 Presenta el plato poniendo en la base de una cuchara de porcelana el yogur y encima un par de trozos de atún.

**Comensales:** 4
**Preparación y tiempo de cocción:** 2 horas y 20 minutos
**Precio:** Económico
**Dificultad:** Fácil

# Salmón con ensalada tricolor

4 filetes de salmón
1 calabacín
2 tomates
1 taza de maíz para ensaladas
2 cucharadas de zumo de limón
4 cucharadas de aceite de oliva
1 cucharada de cilantro, perejil o eneldo picados
Sal
Pimienta

1 Lava los filetes de salmón, salpimiéntalos y rocíalos con el zumo de limón. Cuece los filetes a la plancha o en una sartén con un poco de aceite unos dos minutos por cada lado.

2 Para la ensalada, lava y corta el calabacín y los tomates en dados pequeños. Saltéalos en una sartén con una cucharada de aceite durante un minuto. Después ponlos en un bol, agrega el maíz y alíñalo con aceite, sal, pimienta y la hierba que hayas escogido.

**Comensales:** 4
**Preparación y tiempo de cocción:** 10 minutos
**Precio:** Económico
**Dificultad:** Fácil

Tataki de atún

# Xatonada

1 escarola
3 cebollas tiernas
30 gr. de aceitunas arbequinas
40 gr. de aceitunas negras
150 gr. de atún en aceite
150 gr. de balacao desalado
16 filetes de anchoas
2 tomates
Apio
Sal y pimienta blanca

Para la salsa:
10 ñoras
4 dientes de ajo
50 gr. de almendras tostadas
½ litro de aceite de oliva
1 rebanada de pan frito
Vinagre al gusto
Sal

1 Pon las ñoras en remojo durante 2 horas y después de retirarlas extrae toda la pulpa que hay bajo su piel.

2 En una picadora coloca la pulpa, los ajos, las almendras, el pan frito, un poco del agua donde se han remojado las ñoras y el aceite. Bate hasta que esté bien emulsionado. Añade el vinagre, un poco de pimienta y la sal. Bate de nuevo.

3 En una fuente dispón las hojas de escarola lavadas, junto con la cebolla cortada fina, los tomates, el apio, las aceitunas, el atún desmenuzado, el bacalao y las anchoas. Reparte la salsa por encima.

Comensales: 4
Preparación y tiempo de cocción: 2 horas y 30 minutos
Precio: Medio
Dificultad: Fácil

# Salmón al limón

4 rodajas de salmón fresco, sin piel y sin espinas
2 limones verdes
2 chalotas
Eneldo
15 cl. de crema de leche
10 cl. de vermut
Mantequilla
Sal
Pimienta

1 Lava y corta los limones en rodajas muy finas.

2 Lava y seca el eneldo.

3 Mezcla el eneldo y el limón con la crema de leche y el vermut. Salpimiéntalo.

4 Pela y pica las chalotas. Espárcelas en la bandeja o fuente del horno que vayas a utilizar. Sobre las chalotas, pon algunas rodajas de limón y luego el salmón. Vuelve a salpimentar y vierte la mezcla de crema de leche por encima del salmón.

5 Cubre con papel vegetal y cuécelo al horno durante 10-12 minutos a 200º.

Comensales: 4
Preparación y tiempo de cocción: 25 minutos
Precio: Económico
Dificultad: Fácil

Xatonada

# carnes y aves

# Bistec de ternera con salsa de Oporto

2 bistecs de ternera
3 chalotas
1 vaso de vino de Oporto
Mantequilla
Sal
Perejil
2 Patatas (u otra guarnición)

1 Calienta una sartén con un poco de mantequilla para freír los bistecs, previamente salpimentados. Una vez la mantequilla deshecha, sin dejar que empiece a hacer espuma y ponerse marrón, pon los bistecs y fríelos brevemente por cada lado, para que queden tiernos y todavía rojos por el centro.

2 Retira los bistecs y resérvalos, sin que se enfríen demasiado.

3 En la misma sartén de la carne, añade las chalotas peladas y picadas finas, con un poco más de mantequilla si hace falta. Cuando estén doradas, incorpora el Oporto y deja que se reduzca poco a poco.

4 Sirve los bistecs y reparte la salsa por encima, espolvoreando con perejil lavado y picado.

5 Como guarnición puedes servir unas patatas asadas. En el caso de la foto, era la primera vez que las hacía en el microondas, ya que no soy muy fan del mismo pero andaba corta de tiempo. Para hacerlas así, corta las patatas por la mitad, rocíalas con un poco de aceite y ponlas en un recipiente que pueda ir al micro. Cubre el recipiente con film, agujeréalo y mételo al microondas entre 7 y 10 minutos, dependiendo del tamaño de las patatas y la potencia del aparato.

6 Para dar el toque final a las patatas, puedes espolvorear un poco de pimentón y algo de perejil si lo deseas.

**Comensales:** 2
**Preparación y tiempo de cocción:** 30 minutos
**Precio:** Medio
**Dificultad:** Fácil

# Brocheta de pollo

2 pechugas de pollo
1 pimiento rojo
2 tomates maduros
Sal
Aceite de oliva virgen extra

1 Algo simple pero no deja de ser diferente de comer carne a la plancha.

2 Podemos preparar las brochetas de muchos tipos, por ejemplo: pollo + cebolla + pimiento + tomate + pollo + cebolla + pimiento + tomate + pollo.

3 Si sois más carnívoros, pues pincháis más pollo y menos verdura y al contrario, los vegetarianos podéis suprimir la carne.

4 Es muy fácil de preparar, se pica el pimiento y un ajo y se ponen en un tazón, con sal y aceite. Luego se rocía el pollo troceado con ello. Dejadlo macerar dos horas.

5 Se montan los ingredientes en los pinchos, alternándolos y se ponen al horno, durante 15-20 minutos (ir controlando para que no se os quemen). Acordaros también de darle la vuelta a las brochetas, para que se hagan por igual.

6 Lo podéis servir acompañado de un poco de arroz hervido, o con una ensalada quedará genial.

**Comensales:** 2
**Preparación y tiempo de cocción:** 40 minutos
**Precio:** Económico
**Dificultad:** Fácil

# Brochetas de pollo a la naranja

2 pechugas de pollo
1 limón verde
2 dientes de ajo
3 cucharadas de aceite de oliva
20 cl. de zumo de naranja
Sal
Pimienta

1 Mezcla el zumo de naranja con el zumo del limón, dos cucharadas de aceite y los ajos picados.

2 Corta las pechugas de pollo a dados y déjalas marinar en la salsa al menos 30 minutos. Pasado ese tiempo, escurre el pollo y monta las brochetas. Salpimiéntalas y listas para poner al horno o a la BBQ.

**Comensales:** 2
**Preparación y tiempo de cocción:** 40 minutos
**Precio:** Económico
**Dificultad:** Fácil

# Brochetas de pollo con salsa de jengibre

400 gr. de pechuga de pollo
4 cucharadas de sésamo
3 cucharadas de miel
3 cucharadas de aceite de oliva
1 cucharada de salsa de soja
1 cucharada de aceite de girasol

Ingredientes para la salsa:
2 cucharadas de aceite de girasol
1 cucharada de miel
1 cucharada de salsa de soja
2 cm. de jengibre rallado
2 rodajas de limón verde
Cilantro

1 Corta la pechuga de pollo a trozos y pínchalos en las brochetas. Mezcla el sésamo con 2 cucharadas de miel. Prepara la marinada en un bol mezclando lo siguiente: una cucharada de salsa de soja, una cucharada de aceite de girasol, un cucharada de aceite de oliva y 1 cucharada de miel. Una vez la tengas lista, introduce en el bol el pollo, dejándolo reposar en la nevera durante 30 minutos.

2 Durante ese tiempo, mezcla los ingredientes de la salsa. Finalmente, calienta una cucharada de aceite en una sartén y dora las brochetas. Deja que se hagan durante 4-5 minutos. Cuando estén listas, rocíalas con la preparación de sésamo y miel. Sirve las brochetas, frías o calientes, junto con la salsa.

**Comensales:** 16 brochetas
**Preparación y tiempo de cocción:** 50 minutos
**Precio:** Económico
**Dificultad:** Fácil

# Brochetas de pollo con salsa de mango

1 kg. de pechugas de pollo
1 mango maduro
El zumo de dos limones
1 diente de ajo
3 cucharadas de aceite de oliva
20 cl. de zumo de naranja
Sal
Pimienta

1 Pela el mango y trocea la fruta. Mézclala con la mitad del zumo de limón y mételo en la nevera.

2 Trocea las pechugas de pollo y ponlas en un recipiente con el zumo de naranja, el resto del zumo de limón, el diente de ajo picado fino y dos cucharadas de aceite de oliva. Salpimienta y deja macerar durante media hora.

3 Luego mételas en el horno, o hazlas en la barbacoa si tienes. Deja que se hagan y luego sírvelas con la salsa de mango.

**Comensales:** 6
**Preparación y tiempo de cocción:** 10 minutos
**Precio:** Económico
**Dificultad:** Fácil

# Chili con carne

**150 gr. de carne de ternera picada**
**1 cebolla grande**
**1 pimiento rojo**
**1 zanahoria**
**150 gr. de alubias rojas cocidas**
**1 chili**
**Una punta de chili molido**
**4 tomates grandes**
**Sal**
**Pimienta negra**
**Aceite de oliva**

1 Pela y pica la cebolla en juliana. Rehógala en una cacerola con un poco de aceite de oliva. Luego añade el chili picado muy fino y el chili molido. Incorpora la zanahoria picada muy pequeña.

2 Lava y pica el pimiento rojo a tiras o trozos más pequeños y añádelos a la cacerola.

3 Tritura los tomates y luego échalos al sofrito. Salpimenta. Al cabo de 5-10 minutos, incorpora la carne picada y asegúrate que no queda apelmazada removiendo bien y mezclando con la salsa. Deja cocer 15 minutos y añade las alubias rojas. Termina de cocer hasta que la carne esté cocinada y la salsa se haya reducido.

4 Sirve acompañado de nachos o arroz hervido.

**Comensales:** 6
**Preparación y tiempo de cocción:** 40 minutos
**Precio:** Económico
**Dificultad:** Fácil

# Brochetas tailandesas de pollo

**2 pechugas de pollo cortadas a dados**
**2 cucharadas de salsa de soja**
**El zumo de 1 limón**
**2 cucharadas de aceite picante**
**1 diente de ajo**
**100 gr. de nueces de Macadamia fritas**
**Sal**

1 Pon en una fuente las pechugas de pollo y rocía la salsa de soja, el zumo de limón, el aceite picante y una punta de sal.

2 Pica el diente de ajo pequeño y machaca las nueces de Macadamia (también puedes pasarlas por la picadora). Las nueces no deben hacerse polvo pero tampoco quedar enteras.

3 Incorpora estos dos últimos ingredientes a la fuente, mezcla bien todo y deja macerar en la nevera 30 minutos como mínimo, siempre tapado con papel film.

4 Precalienta el horno a 200º.

5 Monta las brochetas de pollo y mételas al horno hasta que estén doradas.

**Comensales:** 4
**Preparación y tiempo de cocción:** 50 minutos
**Precio:** Económico
**Dificultad:** Fácil

*Esta receta admite múltiples variaciones, tanto en ingredientes como en forma de cocción: puedes alternar el pollo con alguna hortaliza o fruta, o freír las brochetas en la sartén, con el fuego muy suave.*

Chili con carne

# Fricandó

12 filetes de ternera muy finos
2 cebollas
2 dientes de ajo
4 tomates
120 gr. de setas
1 vasito de vino blanco
1 l de caldo vegetal
2 huevos
Harina
Sal
Pimienta
Aceite de oliva

1 Por un lado, pela y pica la cebolla y los ajos. Ponlo en una cacerola con un chorrito de aceite, a fuego medio, y fríelo hasta que la cebolla quede transparente. Entonces añade las setas, bien lavadas y troceadas.

2 Mientras, bate los dos huevos, que serán para rebozar la carne. Primero salpimienta los filetes de ternera, luego pásalos por el huevo y a continuación por la harina. Prepara una sartén con abundante aceite y fríe los filetes por los dos lados. Después ponlos sobre un plato cubierto con papel de cocina para que se absorba el aceite sobrante.

3 Volviendo al sofrito, añade los tomates rallados a la cebolla y las setas y déjalo cocer un par de minutos. Entonces pon la carne en la cacerola también, añade el vasito de vino y la mitad del caldo. Tapa la cacerola y deja que cueza hasta que se reduzca la salsa. Añade el resto del caldo, vuelve a tapar y deja reducir de nuevo.

**Comensales:** 4
**Preparación y tiempo de cocción:** 50 minutos
**Precio:** Medio
**Dificultad:** Media

# Gallo al vino

1 gallo de 2 kg. (deshuesado y troceado)
20 cebollitas blancas
100 gr. de panceta
3 dientes de ajo
300 gr. de champiñones
1 botella de vino tinto
5 cl. de coñac
10 gr. de harina
2 cucharadas de aceite
40 gr. de mantequilla
Perejil, sal y pimienta

1 Pelar las cebollitas y blanquear la panceta 1 minuto en una cacerola con agua hirviendo. Calienta el aceite en otra cacerola (que sea grande) y añade la panceta y las cebollitas. Retira cuando esté dorado. Añade los trozos de gallo, dóralos y flambéalos con el coñac caliente. Añade el vino tinto, los dientes de ajo pelados y aplastados y salpimienta. Ponlo a hervir bajando el fuego cuando empiece a burbujear, pon la tapa y déjalo cocer a fuego muy lento durante 1 hora, removiendo de vez en cuando.

2 Mientras, pela, limpia y corta los champiñones en dos, saltéalos durante 5 minutos en una sartén con mantequilla y añádelos a la cacerola con el gallo. Alarga la cocción durante unos 15 minutos más. Añade las cebollitas y la panceta y déjalo cocer 10 minutos más.

3 Con un cucharón de cocina, coge una cucharada de salsa de la cacerola y mézclala con la harina. Incorpora esta mezcla a la cacerola de nuevo y déjalo todo descubierto durante otros 15 minutos removiendo constantemente. Rectifica de sal y pimienta si hace falta y añade el perejil. Se sirve muy caliente.

**Comensales:** 4
**Preparación y tiempo de cocción:** 50 minutos
**Precio:** Medio
**Dificultad:** Media

Fricandó

# Estofado de Guinness

150 gr. de ternera troceada
2 patatas medianas. *Intenta que sean duras para que no deshagan tan fácilmente durante la cocción*
2 zanahorias
1 cebolla
15 cl. de Guinness de botella
½ l. de caldo vegetal
4 tomates
2/3 hojas de laurel
Harina
Sal
Pimienta
Aceite de oliva virgen extra

1 Salpimienta la carne y rebózala por la harina. A continuación, márcala en una cacerola con un poco de aceite de oliva, a fuego fuerte. Cuando esté dorada por todos los lados, sácala y resérvala.

2 En la misma cacerola, pon la cebolla pelada y cortada en juliana para rehogarla a fuego bajo. Cuando la cebolla esté transparente, añade la patata a trozos y las zanahorias. Mientras, tritura los tomates sin piel ni pepitas y luego añádelos a la cacerola. Al cabo de 10 minutos de cocción, incorpora de nuevo la carne, echa la Guinness y el caldo, tapa la cacerola y deja que se cueza a fuego medio durante 60-90 minutos.

3 Es típico servir este estofado acompañado de más patatas (alimento nacional irlandés), así que puedes cubrirlo con puré de patatas.

**Comensales:** 6
**Preparación y tiempo de cocción:** 2 horas
**Precio:** Medio
**Dificultad:** Media

# Noodles de arroz con pollo

250 gr. de noodles de arroz
2 pechugas de pollo
1 zanahoria
1 pepino
4 chalotas
2 limas
1 cucharadita de azúcar
1 cucharadita de aceite de girasol
Cilantro
Perejil

1 Cuece los noodles durante 6-7 minutos (o el tiempo que diga en el envase). Después escúrrelos y pásalos por agua fría.

2 Corta el pollo a trozos y fríelo.

3 Pela la zanahoria y el pepino y córtalos finos. Haz lo mismo con las chalotas.

4 Dispón todos los ingredientes en una ensaladera o bol y riégalo con el zumo de las dos limas, la cucharadita de azúcar y la de aceite. Añade las hierbas picadas finas y mezcla.

**Comensales:** 4
**Preparación y tiempo de cocción:** 30 minutos
**Precio:** Económico
**Dificultad:** Fácil

Estofado de Guiness

# Pollo asado al horno

1 pollo entero
1 cebolla
Gajos de 1 limón
2 hojas de laurel
Tomillo
1 rama de canela
Pimienta
Sal
Aceite de oliva virgen

1 Salpimentar el pollo, regarlo con un poco de aceite y aderezarlo con una cebolla, ajos, gajos de limón, unas hojas de laurel, tomillo y una ramita de canela.

2 Poner el pollo en una fuente de horno e introducir en el horno precalentado a 180ºC entre cuarenta y cincuenta minutos si el pollo es de ½ kg. y una hora y veinte minutos si pesa entre 1 kilo y kilo y medio.

**Comensales:** 4
**Preparación y tiempo de cocción:** ????????
**Precio:** Económico
**Dificultad:** Fácil

# Pollo al estragón

1 pollo en 8 piezas
2 chalotas
3 cucharadas de vino blanco seco
40 cl. de caldo de gallina
25 cl. de crema de leche
1 cucharada de mostaza en granos
4 ramas de estragón
Sal
Pimienta
Aceite de oliva virgen extra

1 Rehoga las piezas de pollo en aceite. Añade las chalotas picadas y rehoga durante 2-3 minutos. Añade el vino blanco y luego el caldo. Salpimienta y tapa la cacerola. Deja cocer durante 40 minutos a fuego lento, moviendo de vez en cuando.

2 Saca las piezas de pollo de la cacerola y sube el fuego. Añade la crema de leche a la salsa y llévalo a ebullición. Aparta del fuego y añade la mostaza. Salpimienta y mezcla. Incorpora el estragón picado y conserva algunas hojas para decorar el plato.

3 Dispón dos piezas de pollo por plato y reparte la salsa por encima.

**Comensales:** 4
**Preparación y tiempo de cocción:** 1 hora
**Precio:** Económico
**Dificultad:** Fácil

Pollo asado al horno

# Tagine marroquí de ternera y ciruelas

**200-300 gr. de carne de ternera a dados grandes**
**2 cebollas pequeñas**
**8 ciruelas**
**2 cucharaditas de canela molida**
**1 cucharadita de cúrcuma**
**Pimienta negra molida**
**1 manojo de cilantro**
**1 manojo de perejil**
**2 cucharaditas de jenjibre fresco rallado**
**2 cucharadas de azúcar**
**Agua de Azahar**
**Almendras laminadas tostadas, sésamo tostado, sal, agua, aceite de oliva virgen extra**

1 Pon un chorro de aceite en el fondo del tagine (si tienes uno) o de una cacerola en su defecto (puede ser tanto de barro como de acero inoxidable). Pon la carne troceada, la cebolla picada en juliana, las especias y las hierbas picadas.

2 Deja el fuego fuerte durante los dos primeros minutos y luego cubre con agua, tapa la cacerola y deja cocer a fuego medio durante 30-45 minutos, hasta que la carne esté bien tierna.Antes de que termine la cocción, confita las ciruelas aparte: ponlas a fuego medio en un cazo con un cucharón del jugo de la tagine, el azúcar, un poco de canela molida y unas gotas de agua de Azahar.

3 En el momento de servir, dispón las ciruelas por encima de la carne y añade un poco de su jugo. Espolvorea con semillas de sésamo y las almendras laminadas.

**Comensales:** 2
**Preparación y tiempo de cocción:** 1 hora
**Precio:** Económico
**Dificultad:** Fácil

# Pollo estilo Cordon-Bleau con bacón

**6 pechugas de pollo**
**125 gr. de mozzarella**
**12 lonchas de bacon**
**Sal**
**Pimienta**

1 Para preparar la salsa de roquefort: 50 gr. de roquefort y 20 cl. de crema de leche.

2 Corta la mozzarella en rodajas. Corta las pechugas de pollo de manera que puedas rellenarlas con la mozzarella y luego cerrarlas de nuevo. Salpimienta al gusto.

3 Envuelve cada pechuga de pollo con dos lonchas de bacón. Hazlos al grill o al horno.

4 Corta el roquefort en dados, y caliéntalo con la crema de leche, hasta que deshaga.

5 Sirve el pollo con la salsa.

**Comensales:** 6
**Preparación y tiempo de cocción:** 30 minutos
**Precio:** Económico
**Dificultad:** Fácil

Tagine marroquí de ternera y ciruelas

# Solomillo de cerdo en salsa con patatas y manzanas

800 gr. de solomillo de cerdo a rodajas gruesas
1 vaso de vino de Oporto
1 cucharada de mostaza de Dijon
Hierbas provenzales
Aceite de oliva
1 ajo
2 cucharadas de crema de leche
Pimienta blanca
4 patatas medianas
2 manzanas
2 zanahorias
2 cebollas

**Comensales:** 4
**Preparación y tiempo de cocción:** 2 horas y 30 minutos
**Precio:** Medio
**Dificultad:** Media

## Preparación del solomillo:

1 Pon a macerar durante 2 horas las rodajas de solomillo en una fuente honda, con las hierbas provenzales, el ajo a láminas y el vino. Pasado ese tiempo, escurre el solomillo y reserva el vino. Seca la carne con papel de cocina o un trapo limpio. Si no está totalmente seca, no quedará tan buen color en el paso siguiente.

2 En una cacerola amplia, calienta un poco de aceite. Cuando esté bien caliente, pon los solomillos y márcalos por todos los lados. Marcar la carne es cocinarla brevemente a fuego muy fuerte para sellarla. De esta manera, durante el resto de la cocción retiene sus jugos dentro y no queda seca. Cuando los solomillos estén dorados, baja el fuego, añade el vino de la maceración y la mostaza. Remueve bien y tapa la cacerola. Deja cocer durante 10 minutos. Luego, retira la carne y resérvala. Añade la crema de leche a la salsa de vino, remueve bien y deja reducir a fuego lento.

## Preparación de la guarnición:

1 Pela y corta las manzanas y las patatas a trozos medianos. Haz lo mismo con las zanahorias y corta en juliana las cebollas. Dispón todos los ingredientes en una fuente para el horno, con un chorrito de aceite, una punta de sal e hierbas provenzales. Cuece en el horno hasta que las patatas estén tiernas y las manzanas empiecen a deshacerse. Esto dará contraste de textura además de sabor.

2 Para emplatar, dispón los solomillos en un plato, rocía con la salsa y acompaña con la guarnición.

# postres

# Baklavas egipcias

**14 láminas de pasta filo, unos 400 gr.**
**275-300 gr. de avellanas tostadas o pistachos tostados**
**2 tazas de azúcar**
**1 taza de agua**
**150 gr. de mantequilla**
**1 cucharada de zumo de limón**

## Preparación del sirope:

1 Vierte las dos tazas de azúcar y la taza de agua en un cazo a fuego medio y remueve mientras el azúcar se deshace. El sirope estará listo cuando no queden grumos de azúcar y la mezcla haya cogido un color amarillento. Entonces sácalo del fuego, añade la cucharada de zumo de limón y no lo mezcles más.

2 Deja que se enfríe hasta que esté a temperatura ambiente y entonces mételo en la nevera.

## Preparación de las baklavas:

1 Corta las láminas de pasta filo para que sean del tamaño de la bandeja que vas a utilizar.

2 Deshaz la mantequilla en un bol y, con la ayuda de un pincel de cocina, unta la bandeja con la mantequilla. Entonces pon la primera lámina de pasta filo. Unta de nueva esta lámina con mantequilla y añade una nueva capa. Repite esta operación hasta que tengas 7 láminas de pasta, todas separadas con una fina capa de mantequilla.

3 Llegados a este punto, reparte las avellanas o pistachos por encima. Es importante que los frutos secos estén bien troceados, no los pongas nunca enteros. Lo mejor es que los machaques un poco con el mortero, pero sin que tampoco queden hechos polvo. (En caso de que compres avellanas o pistachos no tostados, puedes hacerlo tú rápidamente. Basta con que los metas en el horno durante 3-5 min a 180ºC).

4 Cuando hayas repartido todos los frutos secos, repite la operación de pasta filo + mantequilla hasta terminar con las otras 7 láminas que quedaban. Asegúrate que la última capa está bien untada de mantequilla. Entonces, en la misma bandeja del horno, corta las baklavas en la forma que quieres que tengan. Lo normal es forma cuadrada o triangular.

5 Mételo en el horno durante 25-30 min a 180ºC. Cuando veas que la pasta está dorada, estará listo.

6 Una vez la saques del horno, reparte el sirope inmediatamente por encima (el sirope debe estar frío). Deja enfriar y luego cubre con papel de aluminio y déjalo en un lugar seco. Nunca lo metas en la nevera o se estropearía la pasta.

7 El baklava puede aguantar hasta 4 días en buenas condiciones.

**Comensales:** 4
**Preparación y tiempo de cocción:** 1 hora
**Precio:** Medio
**Dificultad:** Media

# Biscoti de castañas

**260 gr. de harina**
**150 gr. de azúcar**
**3 huevos**
**145 gr. de castañas peladas y tostadas**
**5 gr. de levadura en polvo**
**Sal**

1 La preparación es un poco engorrosa porque la masa es terriblemente pegajosa, así que conviene tener harina cerca para enharinar la superficie de trabajo.

2 Mezcla la harina, el azúcar, la levadura y una punta de sal en un bol.

3 Bate los huevos aparte y añádelos poco a poco a los ingredientes secos. Verás cómo la masa va cambiando a medida que mezclas con la espátula.

4 Después, añade las castañas. Traslada la mezcla a la mesa de trabajo enharinada y forma un rectángulo. Luego llévalo a la bandeja del horno y hornea a 180ºC durante 30 minutos.

5 Saca la masa, déjala enfriar durante 10 minutos y, con un cuchillo de sierra, corta rebanadas gruesas.

6 Pon las rebanadas tumbadas sobre sí mismas (de lado) y hornea durante 10 minutos. Dales la vuelta y déjalas otros 10 minutos en el horno.

7 Finalmente, puedes mojarlas en chocolate deshecho y dejarlas secar sobre una rejilla.

**Comensales:** 4
**Preparación y tiempo de cocción:** 1 hora
**Precio:** Económico
**Dificultad:** Fácil

# Bizcocho de coco y peras

**2 huevos**
**70 gr. de de coco rallado**
**1 pera**
**50 gr. de harina integral**
**1 cucharada de levadura en polvo**
**1 cucharada de azúcar**
**Mantequilla**
**Aceite de oliva**

1 Primero casca los huevos en un bol. Después, añade el azúcar y móntalo. Agrega la miel.

2 Luego pela y trocea una pera e introdúcela en un bol con el coco, la harina y la levadura. Agrega esta mezcla al bol de los huevos. Mezcla todo bien sin llegar a batir para que no se bajen los huevos y reserva.

3 Unta dos moldes con mantequilla y una pizca de harina, para que la masa no se pegue. Reparte la mezcla en los dos moldes y hornea a 180º C durante unos 15-20 min. Saca del horno, desmolda y deja que se enfríe.

**Comensales:** 2
**Preparación y tiempo de cocción:** 40 minutos
**Precio:** Económico
**Dificultad:** Fácil

Biscoti de castañas

# Bizcocho de yogur clásico

1 yogur de limón
3 medidas del yogur de harina
2 medidas del yogur de azúcar
2 huevos grandes
1 sobre de levadura en polvo (16 gr.)
½ medida de yogur de aceite de oliva
1 manzana (para decorar)

1 Pon en un cuenco el azúcar y los huevos y bate bien. Incorpora, poco a poco, las medidas de harina, el yogur y el aceite, para concluir con la levadura.

2 Remueve perfectamente para lograr una masa semilíquida. Unta con mantequilla el fondo y las paredes de un molde, salpícalo con harina y vierte la masa.

3 Si quieres, puedes pelar y cortar una manzana para repartirla por encima y decorar.

4 Déjalo en el horno durante 35 minutos aproximadamente a 180ºC (recuerda que el horno siempre se debe precalentar un rato antes).

**Comensales:** 4
**Preparación y tiempo de cocción:** 50 minutos
**Precio:** Económico
**Dificultad:** Fácil

# Brazo de gitano de fresas y queso blanco

250 g de fresas
200 g de queso blanco
110 g de azúcar
100 g de harina
4 huevos
2 claras más de huevo
1 naranja
25 gr. de mantequilla
1 hoja de gelatina
Kirsch
Azúcar glasé

## Para el relleno:

1 Remoja la hoja de gelatina en agua fría. Corta las fresas a dados. Bate las dos claras de huevo a punto de nieve con 30 gr. de azúcar. Calienta 2 cucharadas de kirsch y, ya fuera del fuego, añádele la gelatina escurrida. Mezcla el kirsch y la gelatina con el huevo, las fresas y el queso blanco.

## Para la masa:

1 Bate 4 claras de huevo a punto de nieve, con 20 gr. de azúcar. Por otra parte, bate 4 yemas con 60 gr. de azúcar. Añade la harina, 20 gr. de mantequilla deshecha y después las claras montadas. Recubre un molde o la bandeja del horno con papel vegetal o papel sulfurizado, y luego extiende la masa sobre el papel. Cuécela durante 8-10 min a 200ºC.

## Montaje:

1 Dale la vuelta al bizcocho sobre la mesa de trabajo, de manera que el papel quede arriba y lo puedas despegar. Entonces rocía el bizcocho de zumo de naranja y deja que se enfríe. Cuando esté, extiende la masa de queso y fresas. Enrolla el bizcocho sobre sí mismo y mételo un par de horas a la nevera o congelador. Cuando lo vayas a servir, puedes decorarlo espolvoreando azúcar glas por encima.

**Comensales:** 4
**Preparación y tiempo de cocción:** 40 minutos
**Precio:** Económico
**Dificultad:** Fácil

Bizcocho de yogur clásico

# Bizcocho marmolado

3 huevos
175 gr de harina
175 gr de mantequilla
200 gr d azúcar
50 gr de cacao en polvo
½ sobre de levadura (aproximadamente 8 gr.)

1 Precalienta el horno a 180ºC.

2 Separa las claras de las yemas y bate las primeras a punta de nieve.

3 Funde la mantequilla y bátela con el azúcar. Añade las yemas de huevo y luego la harina. Bate todo bien. Finalmente incorpora las claras poco a poco con movimientos envolventes.

4 Separa la masa en dos e incorpora el cacao a una de ellas.

5 Unta un molde con mantequilla y luego reparte en él cucharadas de las dos masas de forma alterna.

6 Deja cocer en el horno durante 20-30 minutos.

**Comensales:** 4
**Preparación y tiempo de cocción:** 40 minutos
**Precio:** Económico
**Dificultad:** Fácil

# Brownie & Blondie

**Ingredientes para el brownie:**
125 gr. de mantequilla pomada
70 gr. de chocolate negro. Normalmente el mínimo es 70% de cacao, pero en este caso, mientras más cacao mayor será el contraste
60 gr. de harina
120 gr. de azúcar lustre
60 gr. de nueces o pacanas
2 huevos

**Ingredientes para el Blondie:**
125 gr. de mantequilla pomada
70 gr. de chocolate blanco
60 gr. de harina
100 gr. de azúcar lustre Aquí ponemos menos azúcar porque el chocolate blanco ya lleva Bastante
60 gr. de nueces o pacanas
2 huevos

1 El proceso para el uno y el otro es el mismo: por un lado deshaz el chocolate al baño maría, mientras en un bol bates la mantequilla hasta que quede cremosa.

2 Cuando tengas los dos anteriores, los mezclas entre sí hasta que estén bien emulsionados. Incorpora el azúcar glas poco a poco y luego los huevos uno a uno sin dejar de mezclar. Finalmente añade la harina.

3 Una vez hayas preparado la mezcla del Brownie y del Blondie, mézclalas en el molde que vayas a utilizar, previamente engrasado.

4 Mételo al horno a 170ºC durante 25-30 minutos.

**Comensales:** 4
**Preparación y tiempo de cocción:** 45 minutos
**Precio:** Medio
**Dificultad:** Media

Bizcocho marmolado

# Buñuelos de viento

130 ml. de agua
120 ml. de leche
100 gr. de mantequilla
Sal
5 gr. de azúcar
160 gr. de harina
4 huevos

1 Pon en un cazo antiadherente la leche, el agua, la mantequilla, la sal y el azúcar y remueve con unas varillas a fuego medio hasta que esté todo bien integrado.

2 Cuando rompa a hervir, retira del fuego y añade la harina. Remueve con unas varillas y ponlo a fuego medio para que cueza un poco, lo justo para que se integre bien. Cuando asome la grasa de la mantequilla, está listo.

3 Retira del fuego y añade los huevos, removiendo constantemente con las varillas.

4 Llena una sartén con aceite y ponlo a calentar. Cuando esté bien caliente, ve echando pequeñas bolitas de masa con la ayuda de una cuchara o buñolera. Dales la vuelta rápidamente y apártalas sobre un plato cubierto con papel de cocina, para que absorba el exceso de aceite.

5 Después pasa los buñuelos por azúcar y canela, o sólo azúcar, y están listos para comer.

**Comensales:** 4
**Preparación y tiempo de cocción:** 35 minutos
**Precio:** Económico
**Dificultad:** Fácil

# Crêpes Berbere

1 kg. de sémola fina
½ cucharadita de levadura
1 cucharada de esencia de vainilla
½ l. de agua tibia
½ cucharadita de sal
Almendras laminadas
Miel
Azúcar

1 Mezcla la sémola con el agua. Incorpora la levadura, la vainilla y la sal y vuelve a mezclar bien, hasta que obtengas una masa consistente y déjala reposar 40 minutos.

2 Forma pequeños pancakes con la masa y fríelos uno a uno en una sartén que no se pegue.

3 Sirve las crêpes con las almendras, la miel y el azúcar.

**Comensales:** 6
**Preparación y tiempo de cocción:** 50 minutos
**Precio:** Económico
**Dificultad:** Fácil

Buñuelos de viento

# Cake de frutas deshidratadas

**200 gr. de mantequilla**
**100 gr. de fruta deshidratada**
**30 gr. de pasas de Corinto**
**Unas gotas de ron**
**4 huevos**
**200 gr. de azúcar lustre**
**270 gr. de harina**
**10 gr. de levadura**

1 Pon a macerar las pasas en un vasito con el ron.

2 Empieza a trabajar la mantequilla hasta que adquiera el punto de pomada *—si la dejas fuera de la nevera durante un rato te será mucho más fácil*. Agrega el azúcar lustre y mezcla con una espátula ambos ingredientes.

3 Añade los huevos uno a uno y bate con unas varillas. *Si acabas de sacar los huevos de la nevera o todavía están muy fríos, es posible que se te corte la masa. No te preocupes, pues al agregar la harina se solucionará.*

4 Incorpora la harina y la levadura tamizadas y remueve con la espátula. Finalmente, añade las frutas cortadas a dados y las pasas escurridas.

5 Forra un molde con papel de horno y vierte la mezcla dentro.

6 Deja cocer durante unos 60 minutos a 180°C.

**Comensales:** 6
**Preparación y tiempo de cocción:** 1 hora y 20 minutos
**Precio:** Económico
**Dificultad:** Fácil

# Copa a los dos chocolates

**100 gr. de chocolate rico en cacao**
**100 gr. de chocolate blanco**
**25 gr. de mantequilla**
**2 cucharadas de azúcar**
**6 huevos**
**2 cucharadas de crema de leche**

1 Funde el chocolate negro al baño maría, junto con una cucharada de azúcar, hasta que la textura sea untuosa.

2 Fuera del fuego, añade dos yemas de huevo al chocolate y mezcla.

3 Monta 3 claras de huevo a punto de nieve e incorpóralas delicadamente a la mezcla anterior. Reserva en la nevera.

4 Por otro lado, deshaz también al baño maría el chocolate blanco con el resto del azúcar. De nuevo, fuera del fuego incorpora la crema de leche y las otras tres claras de huevo a punto de nieve. Mételo en la nevera durante una hora.

5 Transcurrido este tiempo, alterna las dos mousses en copas o vasos transparentes y mételas en la nevera durante 6 horas más.

6 Servir bien frío.

**Comensales:** 4
**Preparación y tiempo de cocción:** 7 horas y 25 minutos
**Precio:** Económico
**Dificultad:** Fácil

Cake de frutas deshidratadas

# Carpaccio de fresas con vinagre de Módena

**½ kg. de fresas**
**Vinagre balsámico de Módena**
**Azúcar glasé**

1 Se lavan las fresas y se cortan en láminas muy finas. Para una mejor presentación, se ponen en un plato, en círculos. Se meten en la nevera hasta el momento de servir. Entonces, se pone un poco de azúcar glasé por encima y unas gotas de vinagre balsámico.

2 ¡Listo!

**Comensales:** 4
**Preparación y tiempo de cocción:** 10 minutos
**Precio:** Económico
**Dificultad:** Fácil

# Cheesecake de chocolate blanco y frutas

**250 gr. de ricotta**
**100 gr. de queso fresco (tipo Philadelphia)**
**80 gr. de chocolate blanco**
**450 gr. de frutas en almíbar (tú decides si la quieres hacer de pera, mandarina, fresas...)**
**60 gr. de mantequilla**
**35 gr. de azúcar glas**
**Unas gotas de esencia de vainilla (si tenéis)**

1 Tritura las galletas y mézclalas con la mantequilla derretida hasta obtener una pasta homogénea. Reparte esta masa por el fondo del molde donde vayas a preparar la tarta (recuerda siempre untar el molde con mantequilla). Deja la masa bien compacta.

2 Monta las claras de huevo a punto de nieve muy duro. Después añade 10 gr. azúcar y bátelo de nuevo. El secreto para que no se bajen las claras es hacer movimientos envolventes.

3 Funde el chocolate blanco y mézclalo con el azúcar glas, la vainilla y el resto de azúcar. Incorpora esta mezcla a las claras. Mezcla la ricotta y el queso fresco, triturándolo todo e incorpóralo a la mezcla anterior.

5 Prepara la fruta, es decir, si son trozos muy grandes, pártelos en dos o lo que consideres. Reparte la mitad de la fruta sobre la pasta de galletas que has puesto en el molde, recúbrelo todo con la masa de los huevos, azúcar y queso, y añade el resto de fruta.

6 Deja que se haga en el horno, recubierto con papel de aluminio, durante unos 30 minutos a 150ºC. Dejar que se enfríe antes de servir.

**Comensales:** 4
**Preparación y tiempo de cocción:** 50 minutos
**Precio:** Medio
**Dificultad:** Media

Carpaccio de fresas con vinagre de Módena

# Dátiles frescos rellenos de pistachos

**100 gr. de pistachos, sin cáscara y sin sal**
**40 gr. de azúcar glasé**
**¼ de cucharita de agua de azahar**
**Piel de naranja rallada**
**1 cucharada de zumo de naranja natural**
**16 dátiles frescos (con dátiles maduros también se puede hacer)**

1 Pon los pistachos en el robot de cocina y pícalos. Pásalos a un bol y añade el azúcar glas, el agua de azahar, la piel de naranja y el zumo de naranja. Mezcla bien todos los ingredientes con una cuchara.

2 Con la ayuda de un cuchillo, abre los dátiles longitudinalmente y sácales el hueso.

3 Rellénalos fácilmente con una cucharita.

**Comensales:** 16
**Preparación y tiempo de cocción:** 16 minutos
**Precio:** Económico
**Dificultad:** Fácil

# Copa de granizado de melón y champagne

**800 gr. de pulpa de melón**
**200 gr. de azúcar**
**4 láminas de gelatina alimentaria**
**50 gr. de champagne**

1 Para obtener la pulpa de melón natural, basta con que pases la fruta por la licuadora.

2 Calienta una pequeña porción de la pulpa de melón junto con el azúcar y las láminas de gelatina, previamente hidratadas con agua fría.

3 Una vez caliente, ir añadiendo el resto de pulpa de melón y el champagne. Remueve bien con las varillas y mételo en el congelador hasta que cuaje bien.

4 Importante: el alcohol ayudará a la cristalización y así no tendrás que irlo sacando para remover a cada rato.

**Comensales:** 4
**Preparación y tiempo de cocción:** 20 minutos
**Precio:** Económico
**Dificultad:** Fácil

Dátiles frescos rellenos de pistachos

# Fondant de chocolate

400 gr. de azúcar
250 gr. de mantequilla
300 gr. de chocolate negro
8 huevos
100 gr. de harina

1 Primero unta con mantequilla una fuente que pueda ir al microondas (normalmente las de pirex sirven).

2 Pon el chocolate troceado y la mantequilla en un bol y mételo en el microondas a media potencia hasta que se derrita. Controla que no se te queme y cuando lo saques, remuévelo.

3 Por otro lado, bate los huevos y el azúcar hasta conseguir una mezcla esponjosa (usa un batidor y será más fácil). Entonces añade la harina poco a poco y por último incorpora el chocolate con la mantequilla. Mézclalo todo bien y ponlo en la fuente. Mételo en el microondas a máxima potencia durante 10 minutos y luego mételo en la nevera durante dos horas porque se sirve muy frío. A la mezcla también se le puede añadir una cucharadita de extracto de vainilla, o un chorrito de ron o brandy, o unas nueces picadas (de esta manera se consigue una especie de brownie gigante.

4 Se puede acompañar de unas natillas muy ligeras y muy frías, nata montada o helado. Para los adictos al chocolate (como yo) acompañar de salsa de chocolate caliente (con una pizca de canela está genial).

**Comensales:** 4
**Preparación y tiempo de cocción:** 35 minutos
**Precio:** Económico
**Dificultad:** Media

# Encaje de crêpes con nata y fresitas

100 gr. de harina
1 huevo
1 yema
200 ml. de leche
20 gr. mantequilla
Sal
Azúcar
Nata montada sin azúcar
150 gr. de fresas o fresitas
Miel

1 Bate el huevo y la yema y mézclalo con la harina, previamente tamizada, la sal y una cucharadita de azúcar. Vuelve a batir, añade la leche y mezcla hasta que la preparación quede homogénea.

2 Agrega la mantequilla derretida y bate de nuevo. Pasa la mezcla por un colador para que no quede ningún grumo. Deja reposar la preparación durante 30 minutos como mínimo.

3 Mezcla con una espátula de madera la nata montada con una cucharada de miel y resérvala en la nevera, tapada.

4 Unta una sartén antiadherente con un poco de mantequilla, caliéntala y, con la ayuda de una manga pastelera de boquilla fina, vierte la masa de las crêpes formando un tramado como de encaje o tela de araña. Cuece hasta que se endurezca la pasta y dale la vuelta con cuidado. Deja cocer por el otro lado. Repite la operación hasta obtener 8 crêpes.

5 Lava las fresitas y sécalas.

6 Dispón una crêpe en cada plato y reparte por encima la nata con miel. Para una mejor presentación, hazlo con una manga pastelera de boquilla rizada. Añade las fresitas y cubre con cuidado con la otra crêpe de encaje. Riega con un hilo de miel y sirve.

**Comensales:** 4
**Preparación y tiempo de cocción:** 55 minutos
**Precio:** Económico
**Dificultad:** Media

Fondant de chocolate

# Fresas con pistachos

**600 gr. de fresas**
**60 gr. de pistachos pelados**
**60 gr. de azúcar**
**1 limón verde**
**2 cucharadas soperas de sirope de fresa o grosella**
**1 ramita de menta fresca**

1 Machaca los pistachos un poco, para que no queden enteros, pero que tampoco se conviertan el polvo de pistachos...

2 Lava las fresas y córtalas. Ponlas en un recipiente y mézclalas con el azúcar, el sirope, el zumo del limón, los pistachos y la menta fresca picada. Recubre el recipiente y déjalo macerar al fresco 20 minutos.

**Comensales:** 4
**Preparación y tiempo de cocción:** 55 minutos
**Precio:** Medio
**Dificultad:** Fácil

# Galletas enrolladas

**175 gr. de mantequilla pomada**
**300 gr. de azúcar**
**1 huevo**
**350 gr. de harina blanca**
**2 cucharadas de cacao en polvo**

1 Bate la mantequilla con el azúcar en un cuenco hasta que la mezcla quede ligera y esponjosa. Incorpora el huevo batido.

2 Tamiza la harina e incorpórala, mezclando bien hasta obtener una pasta de consistencia blanda pero en la que puedas utilizar el rodillo. Si ves que es demasiado pegajosa, añade harina hasta obtener el resultado deseado. Separa la masa en dos y añádele a una de las partes el cacao. Mezcla bien para se integre. Extiende las dos partes sobre una superficie ligeramente enharinada y compón dos rectángulos del mismo tamaño.

3 Coloca una placa encima de la otra y enrolla los dos rectángulos sobre sí mismos, formando un rollo. Utiliza una hoja de papel vegetal para guiarte. Deja la pasta en la nevera hasta que esté fría y se endurezca. Entonces sácala y corta rodajas de unos 5mm. de grosor (que queden finitas pero sin romperse).

4 Cuece las galletas en el horno precalentado a 190ºC durante 10-12 minutos, hasta que se doren un poco. Al sacarlas, déjalas enfriar sobre una rejilla.

**Comensales:** 40 unidades
**Preparación y tiempo de cocción:** 30 minutos
**Precio:** Económico
**Dificultad:** Media

Fresas con pistachos

# Galletas florentinas

**55 gr. de mantequilla**
**4 cucharadas de azúcar lustre**
**3 cucharadas de harina blanca**
**50 gr. de almendras picadas o laminadas**
**50 gr. de frutas confitadas**
**25 gr. de pasas picadas**
**125 gr. de cobertura de chocolate**

1 Calienta la mantequilla y el azúcar en un cazo hasta que los dos se hayan fundido.

2 Retira del fuego y añade la harina. Mezcla bien e incorpora el resto de ingredientes, menos el chocolate.

3 Pon varias cucharadas, distanciadas entre sí, en una bandeja de horno forrada de papel vegetal y cuece en el horno a 180ºC durante 10 minutos, o hasta que la masa esté ligeramente dorada.

4 Deja enfriar sobre una rejilla y luego pinta la parte lisa (la que daba a la bandeja del horno) con el chocolate deshecho.

5 Cuando el chocolate esté a medio secar, dibuja unas ondas con un tenedor.

**Comensales:** 10 unidades
**Preparación y tiempo de cocción:** 30 minutos
**Precio:** Medio
**Dificultad:** Media

# Helado de chocolate y menta

**Hojas de menta**
**50 gr. de azúcar glas**
**2 huevos**
**75 gr. de chocolate**
**275 ml. de crema de leche o nata líquida**

1 Pica las hojas de menta muy finas y mézclalas con la mitad del azúcar glas.

2 Funde 50 gr. de chocolate en el microondas y cuando esté, bátelo con las yemas de los huevos. Deja que se enfríe y bátelo bien, incorporando la crema de leche y las hojas de menta. Un truco es que antes de incorporar la crema de leche, la batas un poco, para montarla.

3 Mételo en el congelador y remueve cada 30-45 minutos.

4 Mientras, bate las claras de los huevos. Cuando el helado empiece a formarse, añade las claras de los huevos a punto de nieve muy fuerte, el azúcar glas y el resto del chocolate rallado.

5 Mételo en el congelador unas horas.

**Comensales:** 4 unidades
**Preparación y tiempo de cocción:** 1 hora
**Precio:** Medio
**Dificultad:** Media

Galletas florentinas

# Helado de vainilla

**225 gr. de nata líquida**
**4 yemas de huevo**
**62 gr. de azúcar**
**10 gr. de agua**
**1 vaina de vainilla**

1 La receta que detallo a continuación se basa en tres elaboraciones: las yemas que se baten con un almíbar, la nata que se monta y una infusión de vainilla.

2 Por un lado, pon 25 gr. de nata líquida en un cazo con la vaina de vainilla. Cuando la nata arranque a hervir, apártala de fuego y tapa el cazo, dejando infusionar la vainilla.

3 Por otro lado, en otro cazo pon el azúcar (reserva una cucharadita) y el agua. Haz un almíbar, sin remover. Mientras el azúcar se deshace, blanquea las yemas con la cucharadita de azúcar que has reservado. Una vez el almíbar esté listo, escalda las yemas en el mismo, aparta rápido del fuego —es importante que las yemas no lleguen a cuajar— y empieza a batir la mezcla almíbar-yemas. No dejes de batir hasta que se haya enfriado del todo.

4 Finalmente, bate el resto de la nata líquida hasta que esté muy espumosa. Como paso final, integra las tres elaboraciones con cuidado y vierte el resultado en un molde de cake forrado con papel de film.

5 Mételo en el congelador mínimo 4 horas y listo.

**Comensales:** 4
**Preparación y tiempo de cocción:** 4 horas y 20 minutos
**Precio:** Económico
**Dificultad:** Fácil

# Madalenas caseras

**3 huevos**
**165 gr. de harina**
**165 gr. de azúcar**
**165 ml. de aceite de girasol**
**El zumo de medio limón**
**1 sobre de levadura en polvo**

1 Primero se baten bien los huevos y, a continuación, se le añade el azúcar y se vuelve a batir. Después se incorpora la harina y la levadura. Luego el zumo de limón y el aceite. (Entre ingrediente e ingrediente hay que batirlo todo bien). Yo también le añadí trocitos de limón y naranja glaseados, que había comprado.

2 Cuando la masa esté lista, se llena cada vasito hasta la mitad más o menos, y se meten al horno, a 180°C durante una media hora. Hay que controlar que no se quemen, pero que estén bien hechas por dentro. Para eso, pincharemos una con un palillo y si éste sale seco, están listas.

**Comensales:** 16 unidades
**Preparación y tiempo de cocción:** 30 minutos
**Precio:** Económico
**Dificultad:** Fácil

Helado de vainilla

# Hojaldres con manzanas, peras y toffee

**Ingredientes para el relleno:**
1 placa de hojaldre
2 manzanas
2 peras
Calvados (u otro licor blanco como Moscatel, Kirsch, Ron...)
Mantequilla
Azúcar

**Ingredientes para el toffee:**
200 gr. de azúcar
200 ml. de nata líquida
Anís estrellado (opcional)

1 Para el toffee pon a hervir la nata. Cuando esté, apártala del fuego y deja infusionar el anís estrellado durante 5 minutos. Después saca el anís.

2 Mientras, haz un caramelo rubio (clarito) con el azúcar. Una vez lo tengas, con mucho cuidado, incorpora suavemente la nata y dejar cocer unos 2 minutos más.

3 Por otro lado, calienta el horno a 170ºC y cuece durante 30 minutos el hojaldre cortado en rectángulos y pintado un poco con yema de huevo y un poco de azúcar.

4 Prepara la fruta: pélala, córtala a dados medianos y cocínalas en una sartén con un poco de mantequilla deshecha, a fuego suave. Cuando estén casi hechas incorpora un poco de licor, deja reducir y reserva.

5 Para el montaje, abre el hojaldre por la mitad (mejor hacerlo cuando todavía esté en caliente), dispón las frutas dentro, reparte un poco de toffee por encima, tapa con la otra mitad de hojaldre y sirve.

**Comensales:** 4
**Preparación y tiempo de cocción:** 55 minutos
**Precio:** Medio
**Dificultad:** Media

# La macedonia de Marta

**Frutas, las que queráis, siempre mejor aprovechar las de temporada**
**Zumo de lima**
**Miel**
**Menta fresca**

1 Pelad y cortad las frutas. Lavad y picad la menta. Mezclad el zumo de lima con miel y la menta y rociadlo por encima de las frutas.

2 Dejad macerar un rato en la nevera y listo.

**Comensales:** 4
**Preparación y tiempo de cocción:** 10 minutos
**Precio:** Económico
**Dificultad:** Fácil

# Merengue de frutas del bosque

**500 gr. de fresas**
**250 gr. de moras**
**250 gr. de frambuesas**
**250 gr. de grosellas**
**125 gr. de azúcar**
**150 gr. de azúcar glas**
**4 claras de huevo**
**3 yogures naturales**
**40 cl. de crema de leche líquida, bien fría**
**Mantequilla**
**Harina**

1 Monta las claras a punto de nieve hasta que estén semi-duras. Incorpora poco a poco el azúcar, sin dejar de batir durante 10 minutos. La mezcla debe estar bien dura y brillante. Tamiza 125 gr. de azúcar glas sin dejar de batir.

2 Recorta dos discos de 22 cm de diámetro de papel vegetal o sulfurizado. Úntalos de mantequilla y harina y extiéndelos sobre la bandeja del horno. Reparte los huevos con azúcar sobre el papel, dejando una masa de 2 cm de espesor. Cuécelo al horno durante 1 hora 15 minutos a 110°C. Cuando esté, deja que se enfríe.

3 Lava toda la fruta y escúrrela. Corta las fresas a láminas.

4 Bate la crema de leche hasta que se convierta en nata, incorpora el resto de azúcar y los yogures. Mézclalo con cuidado. Corta la masa del merengue por la mitad, con cuidado, y rellénalo de la mezcla de frutas y yogur. Vuelve a cubrirlo y listo. Puedes decorarlo con unas frutas encima del merengue.

**Comensales:** 6
**Preparación y tiempo de cocción:** 2 horas
**Precio:** Medio
**Dificultad:** Media

La macedonia de Marta

# Lenguas de gato

**60 gr. de harina**
**50 gr. de mantequilla pomada**
**50 gr. de azúcar glas**
**1 clara de huevo**

1 Trabaja el azúcar con la mantequilla hasta obtener una pasta untuosa.

2 Monta la clara a punto de nieve e incorpórala a la mezcla anterior. Tras batirlo, añade la harina y vuelve a batir.

3 Recubre una bandeja de horno con papel de cocina (papel vegetal) y forma sobre ella pequeñas tiras de masa, bien espaciadas unas de otras (la masa se expande en el horno).

4 Deja que se hagan durante unos 6 minutos a 180ºC y luego pásalas a una rejilla para que se enfríen bien (cuidado cuando las muevas, ya que estarán blanditas y si no lo haces con mimo se pueden romper).

5 Eso sí, cuando estén frías, guárdalas en un recipiente hermético, porque si las dejas fuera, se reblandecerán antes.

**Comensales:** 15-20 unidades
**Preparación y tiempo de cocción:** 35 minutos
**Precio:** Económico
**Dificultad:** Fácil

# Milhojas de chocolate con mascarpone

**100 gr. de chocolate de cobertura**
**½ tarrina de queso mascarpone**
**½ vaso de nata montada**
**1 cucharada de azúcar**

1 Hay que empezar por fundir el chocolate al baño maría, poniendo encima de una cazuela con agua un cazo con el chocolate. Una vez se haya fundido, corta un trozo de papel vegetal o de plástico y pon ½ cucharada de chocolate sobre él. Dobla el papel y presiona sobre el chocolate hasta que quede como una especie de tortita. Repite esto hasta que acabes con el chocolate y déjalo enfriar, sin llegar a meter en la nevera.

2 Para la crema de mascarpone, pon el queso en un bol y añade una cucharada de azúcar. Mézclalo. Aparte, monta la nata fría y cuando la tengas, incorpórala al queso.

3 Para montar el postre, coloca alternativamente una torta de chocolate (después de haber retirado el papel) y la crema de mascarpone.

**Comensales:** 2
**Preparación y tiempo de cocción:** 35 minutos
**Precio:** Medio
**Dificultad:** Media

Lenguas de gato

# Mousse de chocolate y mantequilla salada

**200 gr. de chocolate negro**
**100 gr. de mantequilla salada**
**100 gr. de azúcar glas**
**6 huevos**
**Sal**

1 Funde el chocolate en el microondas junto con la mantequilla. Cuando se haya derretido, mézclalo bien y deja que se enfríe.

2 Separa las claras de las yemas de los huevos. Bate las yemas junto con el azúcar hasta que obtengas una textura de mousse.

3 Bate las claras a punto de nieve con una pizca de sal.

4 Mezcla las yemas con el chocolate y después incorpora poco a poco las claras.

5 Vierte la mezcla en pequeños vasos o recipientes y mételo en la nevera durante al menos dos horas.

**Comensales:** 10
**Preparación y tiempo de cocción:** 2 horas y 15 minutos
**Precio:** Medio
**Dificultad:** Fácil

# Mousse de limón

**2 limones**
**1 bote de leche concentrada sin azúcar**
**4 cucharadas de azúcar glas**

1 Vierte la leche concentrada en un recipiente y déjalo en la nevera al menos una hora.

2 Exprime los limones y ralla su piel. Guarda el zumo en la nevera.

3 Saca la leche concentrada de la nevera y bátela hasta que coja la consistencia de la nata. Incorpora el zumo de limón y no dejes de batir. Añade el azúcar glas con cuidado y luego la piel de limón. Reparte la mousse en vasitos y listo.

**Comensales:** 6
**Preparación y tiempo de cocción:** 20 minutos
**Precio:** Económico
**Dificultad:** Fácil

# Natillas de chocolate

**150 gr. de chocolate negro (os aconsejo el de Nestlé para postres)**
**100 gr. de azúcar**
**½ l. de leche**
**4 yemas de huevo**
**1 vaina de vainilla**

1 Se trocea el chocolate y se funde con dos cucharadas de agua. Aparte, se hierve la leche con la varita de vainilla abierta por la mitad.

2 Batir las yemas con el azúcar hasta que quede espumoso, entonces verter la leche hirviendo sobre las yemas y remover bien. Añadir el chocolate fundido y mezclarlo.

3 Cocer todo en un cazo, al baño maría, hasta que espese un poco. Cuando esté, rellena las copas o los vasos y dejar enfriar en la nevera.

**Comensales:** 4
**Preparación y tiempo de cocción:** 20 minutos
**Precio:** Económico
**Dificultad:** Fácil

# Peras al chocolate

**1 tableta de chocolate para deshacer**
**4 peras**
**1 cucharada de azúcar**
**1 cucharadita de azúcar glas**
**1 limón**

1 Deshaz el chocolate en el microondas o al baño María.

2 Pela las peras y cuécelas a fuego lento, dentro de una cacerola con la cucharada de azúcar y el zumo del limón durante 30 minutos.

3 Vierte al fondo de 4 boles 2 cucharadas de de chocolate deshecho y el resto utilízalo para recubrir las peras.

**Comensales:** 4
**Preparación y tiempo de cocción:** 45 minutos
**Precio:** Económico
**Dificultad:** Fácil

# Muffins de arándanos

**225 gr. de harina**
**2 cucharadas de levadura en polvo**
**½ cucharadita de sal**
**50 gr. de azúcar lustre**
**50 gr. de mantequilla derretida**
**2 huevos batidos**
**200 ml. de leche**
**100 gr. de arándanos frescos**
**35 gr. de queso parmesano, recién rallado**

1 Empieza engrasando ligeramente 2 moldes múltiples para muffins con mantequilla. En un cuenco, tamiza la harina con la levadura en polvo y la sal y después añade el azúcar.

2 En otro recipiente, mezcla la mantequilla con el huevo y la leche y añade la harina la harina mezclada con lo que hemos dicho antes.

3 Mezcla hasta obtener una pasta homogénea y después incorpora los arándanos.

4 Vierte la pasta en los huecos de los moldes preparados y luego espolvorea los muffins con el queso.

5 Cuece los muffins a 200ºC durante unos 20 minutos o hasta que hayan subido y adquirido un tono dorado. ¡Deja que se enfríen antes de comértelos!

**Comensales:** 4
**Preparación y tiempo de cocción:** 45 minutos
**Precio:** Económico
**Dificultad:** Fácil

# Profiteroles

**130 ml. de agua**
**120 ml. de leche**
**100 gr. de mantequilla**
**Sal**
**5 gr. de azúcar**
**160 gr. de harina**
**4 huevos**

1 Empieza precalentando el horno a 180ºC.

2 Pon en un cazo antiadherente la leche, el agua, la mantequilla, la sal y el azúcar y remueve con unas varillas a fuego medio hasta que esté todo bien integrado. Cuando rompa a hervir, retira del fuego y añade la harina. Remueve con unas varillas y ponlo a fuego medio para que cueza un poco, lo justo para que se integre bien. Cuando asome la grasa de la mantequilla, está listo. Retira del fuego y añade los huevos (uno a uno), removiendo constantemente con las varillas.

3 Vierte la pasta en una manga pastelera de boquilla grande. Sobre papel de hornear dispón porciones separadas unas de otras, y hornea unos 30 minutos. Ten en cuenta que esta masa sube bastante, así que separa bien las porciones.

4 Cuando estén listos, sácalos del horno y déjalos sobre una rejilla para que se enfríen. Más o menos cuando estén tibios, córtalos con un cuchillo de sierra, sin llegar a separar las dos mitades del todo.

5 Una vez fríos, rellena con helado de vainilla, chocolate o nata y rocía con chocolate caliente.

**Comensales:** 4
**Preparación y tiempo de cocción:** 55 minutos
**Precio:** Económico
**Dificultad:** Fácil

Muffins de arándanos

# Tarta tatin de peras

**1 placa de masa brisa**
**4 peras**
**30 gr. de mantequilla**
**50 gr. de azúcar**
**250 gr. de nata para montar (para acompañar)**
**50 gr. de azúcar para montar la nata**
**1 limón**
**1 naranja**

1 Pela las peras y córtalas en 4 u 8 trozos, según el tamaño de la pera.

2 Pon una sartén al fuego con la mantequilla. Cuando se derrita, añade el azúcar y carameliza suavemente, a fuego medio. Añade las peras y deja que se cuezan hasta que estén tiernas.

3 Pon las peras bien dispuestas en las tartaletas o moldes y encima la pasta brisa. Asegúrate de apretar bien los bordes alrededor y realiza unos pequeños cortes por la masa, para facilitar que salga el vapor acumulado dentro y la masa no se abombe mucho. Cuece al horno durante 5-10 minutos a 200ºC.

4 Como sabréis, la tarta tatin se degusta normalmente tibia y acompañada por crema de leche o nata.

5 Una buena idea, con un toque refrescante, puede ser nata con cítricos: Monta la nata con el azúcar. Una vez montada, ralla encima la piel del limón y la naranja.

**Comensales:** 4
**Preparación y tiempo de cocción:** 35 minutos
**Precio:** Económico
**Dificultad:** Fácil

# Pastel a los tres perfumes

**200 gr. de chocolate negro**
**250 gr. de fresas**
**125 gr. de frambuesas**
**100 gr. de coco rallado**
**2 huevos**
**100 gr. de azúcar moreno**
**40 gr. de harina**
**20 cl. de leche de coco**
**30 cl. de crema de leche**
**10 gr. de cacao**
**4 cucharadas de ron**
**½ limón**
**Azúcar glas**

1 Cuece 4 cucharadas de agua con 50 gr. de azúcar. Cuando esté hirviendo, apártalo y añade el ron. Monta las yemas de los huevos con 40 gr. de azúcar. Bate las claras a punto de nieve con el resto de azúcar y luego mezclar con cuidado con la mezcla anterior. A esto, añadir la harina y el cacao en polvo. Vierte la preparación en un molde para horno y cuece durante 20 minutos a 190ºC. Cuando esté, desmolda y deja que se enfríe sobre una rejilla.

2 Mientras, deshaz el chocolate y mezcla con la leche de coco. Corta las fresas en láminas y rocíalas con el zumo del medio limón. Monta la crema fría hasta obtener nata. Añade el coco rallado. Corta el bizcocho en dos y baña las dos caras interiores con el sirope de ron. Luego recúbrelas con el chocolate y deja que se enfríe.

3 Para montar el pastel, recubre el disco inferior de bizcocho de nata, pon la otra parte encima y dispón las láminas de fresas y las frambuesas. Espolvorea con azúcar glas.

**Comensales:** 4
**Preparación y tiempo de cocción:** 55 minutos
**Precio:** Económico
**Dificultad:** Media

Tarta tatin de peras

# Trufas de chocolate

**200 gr. de chocolate negro (al menos 60% cacao)**
**100 gr. de chocolate con leche**
**1 ó 2 cucharadas de licor (puede ser coñac, whiskey, ron... siempre que no sean licores blancos) opcional**
**200 ml. de crema de leche (de la de repostería (35% grasa), no vale ni la light ni la de cocina que sólo lleva 18% de grasa)**
**2 cucharadas de azúcar glas**
**Fideos de chocolate o cacao en polvo**

1 La receta es realmente sencilla y no tiene secreto: Deshacer los dos chocolates al baño maría y, a continuación, añadir el azúcar glas. Mezclar e incorporar la crema de leche. Finalmente añadir el licor, si se desea.

2 Dejar reposar la masa en el congelador mínimo 24 horas (puede aguantar hasta dos semanas).

3 Sacar la masa y, con la ayuda de una cucharita, coger pequeñas porciones de masa de chocolate. Con las manos, darles forma de bolita rápidamente (mientras menos tiempo pase el chocolate entre tus manos, menos se calienta y más firme quedará).

4 Reboza las bolitas por fideos de chocolate o cacao amargo, a tu gusto.

**Comensales:** 30 unidades
**Preparación y tiempo de cocción:** 30 minutos
**Precio:** Medio
**Dificultad:** Media

*Es la receta de mi tía, y aunque yo me empeñe en seguirla al pie de la letra, las suyas siguen siendo inigualables.*

# Pirámide de chocolate con fresones

**200 gr. de fresones**
**25 cl. de leche**
**125 gr. de nata para montar**
**25 gr. de mantequilla**
**225 gr. de cobertura de chocolate**
**5 yemas de huevo**
**25 gr. de azúcar**
**3 claras de huevo**

1 Trocea el chocolate, ponlo en un bol y añade la mantequilla. Deshaz en el microondas o al baño maría. Lleva a ebullición la nata para montar y la leche y viértelas sobre el chocolate. Remueve bien.

2 Monta las claras a punto de nieve y añade el azúcar cuando empiecen a tener cuerpo. Incorpora las yemas y bate un poco más. Mezcla una quinta parte de las claras y yemas batidas con la crema de chocolate preparada y añade el resto removiendo muy delicadamente de arriba abajo.

3 Rellena los moldes de silicona en forma de pirámides y congela la preparación durante 3-4 horas.

4 Lava los fresones, sécalos, quítales el rabito y córtalos en láminas finas.

5 Desmolda las pirámides de chocolate directamente sobre los platos y recubre las paredes con las láminas de fresón.

**Comensales:** 4
**Preparación y tiempo de cocción:** 4 horas y 35 minutos
**Precio:** Medio
**Dificultad:** Media

Trufas de chocolate

# Vasitos de mascarpone

**250 gr. de mascarpone**
**2 yemas de huevo**
**4 cucharadas de azúcar**
**Esencia de vainilla**
**Frambuesas**
**Lenguas de gato (o las galletas/dulces que prefiráis)**
**Pistachos**

1 Blanquea las yemas con el azúcar y luego bate hasta que la mezcla se ponga blanquecina y bien espumosa.

2 Con cuidado, incorpora el mascarpone ayudándote de una espátula y mezcla con movimientos envolventes hasta que los ingredientes estén integrados.

3 Añade 3-4 gotas de esencia de vainilla y mezcla de nuevo. Reparte en los vasitos, cubre con papel de film y refrigera 2 horas como mínimo.

4 A la hora de servir, acompaña con frambuesas (que darán el toque de contraste), una galleta crujiente* y pistachos machacados.

**Comensales:** 4
**Preparación y tiempo de cocción:** 2 horas y 35 minutos
**Precio:** Medio
**Dificultad:** Media

*He utilizado lenguas de gato caseras, que son muy fáciles de hacer y así he aprovechado las claras de los 2 huevos utilizados en esta receta (y han salido unas 30 galletas, así que tenemos para unos días).*

# Shortbreads de aceite de oliva, tomillo y frambuesas

**250 gr. de harina**
**150 gr. de mantequilla pomada**
**40 gr. de aceite de oliva virgen extra**
**100 gr. de azúcar extrafino**
**2 yemas de huevo**
**El zumo de medio limón**
**1 cucharada de tomillo**
**20 gr. de frambuesas**
**Una pizca de sal**

1 Trabaja la mantequilla con el azúcar hasta que la mezcla tenga una textura homogénea. Incorpora el aceite y la sal y sigue trabajando.

2 Cuando todo lo anterior esté perfectamente integrado, añade la yema de huevo y el zumo de limón. Sigue mezclando con la espátula.

3 Añade la harina y mezcla. Finalmente, echa el tomillo y las frambuesas picadas. Deposita cucharadas de masa sobre la bandeja del horno y dales forma con una cuchara.

4 Cuece en el horno a 180ºC durante 12 minutos.

**Comensales:** 30 unidades
**Preparación y tiempo de cocción:** 40 minutos
**Precio:** Económico
**Dificultad:** Media

Vasitos de mascarpone

# Turrón crujiente de chocolate

**250 gr. de chocolate fondant con un 75% cacao**
**50 gr. de chocolate fondant con leche**
**50 gr. de mantequilla**
**100 gr. de arroz inflado**

1 Funde ambos chocolates al baño maría o en el microondas.

2 Si lo haces en el baño maría, es importante que al recipiente del chocolate no le llegue a tocar el agua hirviendo.

3 Si lo haces en el microondas, hazlo en tandas de 30 segundos y entre una y otra remuévelo bien para que el calor se reparta por todo el chocolate y no se queme.

4 Por otro lado, deshaz la mantequilla. Incorpora poco a poco la mantequilla al chocolate con la ayuda de una espátula (las mejores son las de silicona, también llamadas golosas o gourmandas) y luego añade el arroz inflado. Mezcla bien.

5 Reparte la mezcla en el molde que vayas a utilizar y déjalo enfriar en un sitio fresquito durante mínimo 6 horas.

**Comensales:** 1 tableta
**Preparación y tiempo de cocción:** 6 horas y 20 minutos
**Precio:** Económico
**Dificultad:** Media

# Yogurt con fruta y streussels de canela

**120 gr. de harina**
**100 gr. de azúcar**
**6 gr. de canela**
**50 gr. de polvo de almendra**
**80 gr. de mantequilla pomada**
**Sal**

1 Mezcla primero todos los sólidos en un bol (recuerda tamizar la harina) y finalmente añade la mantequilla. Amasa bien y deja reposar en la nevera hasta que la masa empiece a estar dura.

2 Ralla la masa con un rallador o desmenuza con las manos un poco sobre una bandeja de horno forrada con papel vegetal.

3 Cuece en el horno durante 12-15 minutos a 160°C.

**Comensales:** 4
**Preparación y tiempo de cocción:** 25 minutos
**Precio:** Económico
**Dificultad:** Fácil

Yogurt con fruta y streussels de canela